기억의 치유

Healing of Memories
Prayer and Confession Steps to Inner Healing

Matthew Linn, S.J. & Dennis Linn

IMPRIMI POTEST:
Leo F. Weber, S.J.
Provincial, Missouri Province
July 22, 1974
Copyright ⓒ 1974, 1984 by Dennis Linn, Sheila Fabricant Linn and The Wisconsin Province of the Society of Jesus
Korean translation copyright ⓒ 2016 by ST PAULS, Seoul, Korea

기억의 치유
— 치유를 위한 기도와 고해성사

1판 1쇄 2016. 8. 26
1판 2쇄 2017. 3. 17

글쓴이 마태오 린, S.J.·데니스 린
옮긴이 김인호·장미희
펴낸이 서영주
총편집 서영필
편집 손옥희, 김정희 **디자인** 김서영
제작 김안순 **마케팅** 최기영 **인쇄** 영신사

펴낸곳 성바오로
출판등록 7-93호 1992. 10. 6
주소 서울특별시 강북구 오현로7길 20(미아동)
취급처 성바오로보급소 **전화** 944-8300, 986-1361
팩스 986-1365 **통신판매** 945-2972
E-mail bookclub@paolo.net
www.**paolo**.net
www.facebook.com/**stpaulskr**

값 12,000원
ISBN 978-89-8015-882-9
교회인가 서울대교구 2016. 3. 23 **SSP** 1033

이 도서의 국립중앙도서관 출판예정도서목록(CIP)은 서지정보유통지원시스템 홈페이지(http://seoji.nl.go.kr)와 국가자료공동목록시스템(http://www.nl.go.kr/kolisnet)에서 이용하실 수 있습니다. (CIP제어번호 : CIP2016019212)

이 책은 저작권법의 보호를 받으므로 무단전재와 무단복제를 금합니다.
이 책 내용의 전부 또는 일부를 재사용하려면 반드시 저작권자와 성바오로출판사의 동의를 얻어야 합니다.

Healing
of Memories

치유를 위한 기도와 고해성사

마태오 린, S.J.·데니스 린 글
김인호·장미희 옮김

차례

들어가는 말

- **1장** 치유를 위한 힘 ·15
- **2장** 기억의 치유
  - 그 의미는 무엇인가? ·27
- **3장** 우리가 받은 선물에 대하여
  하느님께 감사드리기 ·37
- **4장** 그리스도께서 치유하기를 원하시는 것이
  무엇인지 여쭈어 보기 ·45
- **5장** 치유를 방해하는 고통스러운 기억에 대하여
  그리스도께 말씀드리기 ·55
- **6장** 고통스러운 기억을 용서함으로써
  상처를 사랑으로 대체하기 ·71
- **7장** 고통스러운 기억에 대하여 감사함으로써
  상처를 사랑으로 대체하기 ·89

8장   치유에 대하여 하느님께 감사드리기 ·103

9장   다른 기억들 대면하기 ·119

10장   기억의 치유를 위한 기도 ·129

11장   기억의 치유가 일어나지 않을 때 ·145

12장   기억의 치유와 고해성사 ·167

13장   악마의 인터뷰
              - 기억의 치유 하루 15분 ·197

부록

성경과 고해성사 ·220
고해성사를 위한 준비 6단계 ·225
치유를 위한 영신 수련 ·232

들어가는 말

...

"나는 내가 바라는 것을 하지 않고 오히려 내가 싫어하는 것을 합니다."(로마 7,15) 「기억의 치유」를 집필한 후 처음 10년 동안 우리는 40개국에서 들려오는 목소리에서 바오로 성인의 고통스러운 울부짖음을 들었다. 변화를 원하지만 변화되지 않는 자신의 행동, 예를 들면 과식, 음주, 흡연, 마약, 성적 강박 행동, 분노, 거부당하는 느낌, 부정적인 자아상, 우울증, 감정 기복, 모험을 가로막는 뿌리 깊은 두려움 또는 습관적으로 반복되는 같은 유형의 죄들에 관하여 어려움을 토로하는 사람들을 어디서든 만날 수 있었다. 그들은 부모가 자신들에게 상처를 입혔던 것과 같은 방식으로 자녀들에게 상처를 입힘으로써 같은 실수를 되풀이하였다. 하나의 예로 아이들에게 매질을 하는 사람들은 그들 자신도 똑같은 일을 당하면서 성장한 경우가 많다.

왜 이런 일이 일어나는가? 사람이 원하지 않는 일을 하게 되는 데는 많은 이유가 있지만, 자기 자신이나 다른 사람에게 상처를 입히는 가장 일반적인 이유는 누군가가 우리에게 상처를 입힌 적이 있기 때문이다. 영화 '간디'를 기억하는가? 1947년 영국이 인도를 떠날 때 이슬람교도는 파키스탄으로, 힌두교도는 인도로 이주했는데, 그 후 이는 끝없는 피바람의 원인이 된 것으로 보인다. 이러한 상황에서 간디는 힌두교도와 이슬람교도 사이의 싸움이 완전히 종식되지 않는다면 죽을 때까지 단식을 하겠다고 선언했다. 그가 단식을 하던 어느 날, 반쯤 정신이 나간 사람이 찾아와서 "내가 지옥에 가게 되었으니 도와주십시오."라고 간청했다. 간디는 "신만이 사람을 단죄할 수 있습니다. 그런데 어찌하여 스스로를 지옥 벌을 받아 마땅하다고 단죄합니까?"라고 물었다. 그러자 그 사람은 분노로 치를 떨며 이슬람교도가 어린 아들을 죽였다고 소리쳤다. 그리고 그는 그 보복으로 첫 번째로 만난 이슬람교 아기를 데려다가 벽에다 메어쳐서 죽였으므로 자신은 지옥에 가는 것이 당연하다고 했다.

  간디는 그의 눈을 들여다보면서 말했다. "지옥에 가지

않을 방법이 하나 있습니다. 지금의 폭력 사태로 부모를 잃은 아이들이 많이 있으니, 당신 아들과 같은 나이의 집 없는 남자아이 한 명을 데려다 키우십시오. 단 그 아이는 이슬람교도여야 하고, 그를 이슬람 방식으로 키워야 합니다." 애통해하던 아버지는 비틀거리며 간디의 발치에 쓰러졌고, 마침내 용서를 통하여 지옥에 가지 않아도 될 방법을 찾고 힘을 얻었다. 간디에게서 영감을 받은 힌두교도들과 이슬람교도들은 몇 주 후 사원에 모여 서로 용서할 것을 맹세했고, 밤사이에 모든 폭력 행위는 중단되었다. 간디는 용서가 사람뿐 아니라 국가가 입은 상처도 치유한다는 것을 잘 알고 있었다. 사람도 국가도 자신이 상처를 입었을 때 다른 사람, 다른 국가에게 상처를 입힌다. 그리고 치유는 개인이든 국가든 상처 입은 것을 용서할 때 일어난다.

상처 입은 것의 용서는 항상 치유를 가져오지만 용서하기란 결코 쉽지 않다. 우리는 가족과 친구들이 히틀러 때문에 너무나 많은 고통을 당하는 것을 보고 그를 죽이려는 음모에 가담했던 토마스 신부를 만난 적이 있다. 히틀러가 그를 붙잡아 사형을 선고했지만 형이 집행되기 전에 전쟁이 끝나 그는 자유의 몸이 되었다. 하지만 그의 마음은 여전히 자유롭지 못했다. 30년이나 지난 다음 기억의 치유 피정에 왔을 때에도 그는 여전히 히틀러에 대한 강한 혐오감을 가지고 있었고, 그렇기 때문에 용서는 이성적으로만 가능했다. 성찬 전례에서 우리는 십자가의 예수님께 "아버지, 저들을 용서해 주십시오. 저들은 자기들이 무슨 일을 하는지 모릅니다."라는 예수님의 말씀을 우리 마음에 심어 주시기를, 또한 우리의 용서가 필요한 사람의 삶을 이해하게 해 주시기를 청했다. 다시 말해서 그 사람의 모든 상처와 두려움, 그가 다른 사람들에게 상처를 주게 만든 모든 원인을 느끼고 이해할 수 있도록 도와주시기를 청했다. 그러나 토마스 신부는 그러한 것들에 대한 연민과 공감을 느끼기보다는 히틀러처럼 돌같이 딱딱한 마음만을 느낄 수 있었다. 예수님은 그런 그에게 30년이 지나도록 용서하지 못하고 있는 그의 마음이 어떻게 히틀러의 딱딱한 마음과 닮게 되었는지 보여 주셨다. 토마스 신부는 자신의 굳은 마음에 대하여 슬피 울면서, 예수님께서 어떻게 자신을 사랑해 오셨는지 그리고 돌 같은 심장을 가진 자신을 어떻게 사제로 부르실 수 있었는지 깨닫게 되었다. 그 순간 그는 히틀러의 마음에 변화가 없었어도, 예수님은 자신에 대한 사랑과 똑같은 사랑으로 히틀러를 사랑하신다는 것을 깨달았다. 토마스 신부는 예수님께서 히틀러를 위해 바치시는 기도에 진심으로 동참하게 되면서 30년 만에 처음으로 고통 없이 등을 똑바로 펼 수 있었다. 예수님은 토마스 신부가 히틀러를 용서함으로써 이제 그만 그를 자신의 등에서 내려놓도록 힘을 주셨다. 가족과 친구의 학살이라는 히틀러가 남긴 상처는 가족도 친구도 없이 폭력의 희생자가 되고 있는 도쿄의 노숙자들에 대한 연민이라는 선물로 변화되었다. 이처럼 치유된 상처는 언제나 다른 사람들의 치유를 위한 선물이 된다.

성령의 힘은 사제들뿐 아니라 마음이 굳은 범죄자들의 기억도 치유한다. 멕시코 티후아나에 있는 라메사 주립 교도소는 여러 해 동안 가장 큰 마약 조직과 폭력이 난무하는 곳이었다. 그런데 7년 전 안토니아 수녀는 자신의 '아들들'과 가까이 지낼 수 있게 교도소 안에 거주할 수 있게 해 달라고 청하였다. 수녀의 '아들들'인 수감자들은 수녀를 '엄마'라고 불렀다. 안토니아 수녀가 그들 한 명한 명을 특별한 아들로 여기는 엄마의 마음을 가졌기 때문이었다. 내가 수녀를 찾아갔을 때, 그녀는 발길을 멈추고 환히 웃으면서 "제 아들 존이에요. 이 강한 손을 좀 보세요. 이 손으로 내 방을 지어 주었고, 도움이 필요한 사람이면 누구든지 도와준답니다."라고 말했다. 이 말에 존은 마치 살면서 처음으로 과제물에 금별을 받은 유치원생처럼 환한 미소로 응답했다. 그 순간 두 사람은 안토니아 '엄마'가 존의 내면에 남아 있는 상처받은 작은 소년 존을 사랑해 주고 '아들'로 삼기 전에는, 존이 그 힘센 손으로 강간을 하고 피해자들을 목 졸라 죽인 적이 있었다는 사실을 잊어버린 것처럼 보였다.

상처받은 수감자들이 사랑을 받아들이고 그들 자신 안에 있는 선물을 알아볼 수 있게 되면, 안토니아 엄마는 상처받은 기억의 치유를 위하여 다음 단계로 넘어갔다. 즉 그들이 자신이 받은 사랑을 깨닫게 되면, 그들에게 상처를 준 사람들을 예수님과 함께 용서하도록 권유했다. 수녀는 그들이 자신의 딸을 강간한 남자를 용서한다면, 혹은 그들을 죽이려고 한 사람을 용서한다면 예수님도 그들이 어떤 일을 했든 용서하실 것이고(루카 6,37 참조), 끝없는 폭력의 악순환이 중단되도록 도우실 것이라고 약속했다. 어떤 때는 그들이 예수님의 용서를 주고받을 수 있는 힘을 얻도록 기도했고, 또 어떤 때는 그들이 하느님께 "죄송합니다. 다시는 이 강한 손을 다른 사람을 해치는 데 사용하지 않겠습니다."라고 말하게 하기도 했다. 예수님께서 이러한 기도를 들어주셨다는 것은 그들의 변화된 행동을 통해 알 수 있었다. 굳어 있던 범죄자들의 마음이 수녀와 함께 살기 시작한 지 7년이 지나면서 부드러워졌으며, 그 결과 출소 후에 복수를 하는 일반적인 패턴을 단 한 사람도 따르지 않았다. 수감자들은 "안토니아 엄마가 오고 난 다음부터 바깥세상보다 교도소 안이 더 안전해졌습니다. 우리는 가족이 되었고, 몸은 갇혀 있지만 더 이상 미워하지 않기 때문에 자유롭습니다."라고 말했다.

안토니아 엄마는 재의 수요일에 교도관들과 수감자들을 함께 불러 모았고, 이후 그들은 한층 더 가까워졌다. 그날 수녀는 교도관들에게는 그들에게 상처를 준 수감자들의 이름을 적게 하고, 수감자들에게도 같은 이유로 교도관들의 이름을 적게 했다. 그리고 자신에게 폭력을 행사한 사람들을 용서하시는 십자가의 예수님 이야기를 들려주었고 모두가 그러한 용서의 마음을 가질 수 있도록 기도했다. 그리고 종이에 적은 사람들을 용서할 수 있도록 예수님께서 도와주시기를 청하는 기도를 하고, 분노를 떠나보낸다는 표시로 그 종이를 태우게 했다. 그렇게 한 후 수녀는 예수님의 용서하시는 사랑으로 교도관들이 태운 종이의 재로 수감자들을, 수감자들이 태운 종이의 재로 교도관들을 축복했다. 서로 상처를 용서했던 그날 이후 교도소에는 평화가 찾아왔고, 주일마다 새로운 삶을 축하하는 축제가 열렸다.

돌담으로 에워싸인 수감자들뿐 아니라 정신적인 병에 갇힌 사람들도 새로운 삶을 발견하고 있다. 그리스도인 상담 심리사 협회에는 약 2천 명의 회원이 가입되어 있는데, 이들은 의료계, 심리 상담, 정신 병동 등에서 전문적인 활동을 하면서 기도에 함께 참여한다. 그중 많은 사람들이 내담자들과 함께 기도했을 때, 특히 예수님의 깊은 용서와 사랑을 통하여 내담자의 기억을 치유해 주시도록 기도했을 때 상담이 더욱 깊어지고, 환자를 위해 필요한 시간이 3분의 1 또는 그보다 더 줄어드는 것을 경험했다고 말했다. 누구나 구독할 수 있는 이 협회의 학술지

〈그리스도교적 치유〉[*1]는 전문적 심리 치료와 기도의 통합적인 사용을 통한 치유 사례들을 싣고 있다. 이제 내담자들은 더 이상 "나는 내가 하고자 하지 않는 것을 하고 있다."고 말하지 않고, "예수님 덕분에 나는 내가 결코 할 수 없을 것이라고 생각했던 것들을 하고 있습니다."라고 말한다.

1983년 9월

[*1] Association of Christian Therapists, 3700 East Avenue, Rochester, N.Y. 14618. *Journal of Christian Healing,* 103 Dudley Ave., Narberth, Pa. 19072.

1장

치유를 위한 힘

온몸에서 땀이 나고 숨 쉬는 것이 힘들다고 상상해 보라. 당신은 지금 감사와 용서의 예식인 수Sioux 족의 땀 오두막 예식에 참여하고 있다.*2 이글루 모양의 오두막 중앙에 주술사가 지금 막 물을 뿌려 놓은 열네 개의 뜨겁게 달구어진 바위가 놓여 있다. 뜨거운 증기가 온몸을 꿰뚫고 들어온다. 온몸이 마치 햇빛에 달궈진 포장도로 위에 맨발로 서 있는 것처럼 느낀다. 몸에서는 땀이 솟아나고, 주술사는 네발 달린 짐승과 날개 달린 종족과 날개 없는 두발 달린 피조물에 대하여 신께 감사를 드린다. 대부분의 수 족 기도의 마무리에 등장하는 미타쿠에 오야신 Mitakuye Oyasin은 땀 오두막의 문을 여는 힘이 있는 기도문으로, '존재하는 모든 사람, 모든 것들과 친지가 되게 하

---

*2 오두막 예식에 대해서는 Ben Black Elk, *The Sacred Pipe*, Penguin Books, Baltimore, 1971, pp.31-44 참조.

소서."라는 의미이다. 이 친지들에 대하여 신께 감사드린 후, 다툼이 있었던 이웃들, 사이가 멀어진 아들, 운디드 니 마을 대학살*3 당시 서로 적이 되어 싸웠던 정부군과 원주민들을 위하여 주술사와 함께 기도한다.

친지들에 대하여 다 같이 신께 감사드리고, 그들과의 우정을 상하게 한 것에 대하여 용서를 청한 후, 각자 옆에 있는 사람에게 입김을 불기 시작한다. 이렇게 할 때 몸의 특정 부분에서 차가운 공기를 느끼게 되는데, 두통이 있으면 머리에서, 우울증으로 고통을 겪고 있으면 심장에서, 말하는 것에 대한 두려움이 있으면 입술에서 시원함을 느낀다. 이 시원한 미풍은 용서로 인한 치유를 상징한다.

---

*3 운디드 니 학살Wounded Knee Massacre 또는 공식적으로 운디드 니 전투Battle of Wounded Knee라고 하며, 1890년 12월 29일 운디드 니 크릭 근처의 라코타 족 파인 릿지 인디언 보호 구역Pine Ridge Indian Reservation에서 미군에 의해 벌어진 인디언 대학살 사건이다. 1890년 12월 29일 기관총 등으로 무장하고 있던 제7기병대 500여 명은 수 족을 무장 해제하던 중 1명의 수 족 용사가 칼을 놓지 않는다는 이유로 총격을 가해 여성과 어린이를 포함한 200명 이상의 수 족을 죽이는 대량 학살을 감행했다. 이 사건은 미군과 인디언 사이의 마지막 전투로 기록되었다. - 옮긴이 주

수 족의 땀 오두막 예식에 관하여 처음 들었을 때 나는 그런 것을 통해 치유가 일어날 리 없고, 원시적인 미신일 뿐이라고 혼자 생각했다. 하지만 이제 치료사로서 정신 병동에서 일하고 피정과 워크숍을 진행해 오면서, 나는 이 용서의 예식에 참여한 사람들이 신체적·정신적·영적 치유를 경험하지 못했다고 하면 오히려 놀랄 것 같다. 정신 병동 안을 서성이는 환자들의 다양한 신체적 증세들은 그들이 부모를 용서하기 시작하면서 하나씩 사라진다. 피정을 지도하면서 나는 자신이나 이웃 또는 하느님을 용서한 후, 전에는 꿈도 꾸지 못했던 방법으로 하느님의 부르심에 응답하는 사람들을 많이 보았다. 특히 지난 5년간 주님께서는 용서가 치유를 가져온다는 것을 나에게 분명하게 알려 주셨다.

그러나 고해성사를 통해서든 기도를 통해서든 용서하게 해 달라고 간청했지만 변화를 경험하지 못한 적이 얼마나 많았던가? 하느님과 이웃과 자기 자신에 대하여 더 개방적이고 싶지만 처음 노력하기 시작했을 때보다 지금 더 개방적이라고 말할 수도 없다. 두통, 우울증, 말하는 것에 대한 두려움 등은 여전히 강력한 영향력을 행사하며 우리의 삶을 질식시키고 있다.

우리가 치유를 청하는 것이 하느님께서 원하는 것인지 아니면 우리를 당신 가까이 두기 위해 우리를 약한 상태 그대로 머물게 하는 것이 하느님께서 원하는 것인지 우리는 어떻게 알 수 있을까? 그 답은 약함이나 질병이 우리를 하느님 중심, 이웃 중심으로 만드는지 아니면 더 편협하고 더 자기중심적이 되도록 만드는지를 식별함으로써 알 수 있다. 점점 더 자기중심적이 된다면 그것은 하느님께서 치유를 원하신다는 표시이다.

예를 들어, 다리를 저는 친구가 온 세상이 자기를 시중들어야 한다는 생각으로 밤낮으로 전화를 한다고 하자. 그러면 하느님은 그러한 자기중심적 태도는 치유되기를 원하신다. 하지만 시각을 잃어 남들보다 청각이 두 배로 예민해진 내 동료 예수회원의 치유를 하느님께서 바라시는지에 대해서는 궁금하다. 예민해진 청력으로 그는 하느님께서 어떻게 어둠 속에서 손을 잡고 안내해 주시는지 다른 사람들과 경험적으로 나눌 줄 아는 뛰어난 영적 지도자가 되었다. 그가 시각 상실을 통해 일하기에 그리스도께서 그에게 시각 상실을 허락하셨는지도 모른다.

그리스도인이 된다는 것은 고통 없는 삶으로의 초대가 아니라, 그리스도의 고통을 나누는 삶으로의 초대를 의미한다. 그리스도께서 예루살렘을 보고 눈물을 흘리셨을 때, 그리고 당신 자신이 선택하신 열두 제자가 도망갔을 때 느끼셨던 고통, 곧 사랑을 소통할 수 없는 데서 오는 고통을 우리 역시 겪어야 한다. 그분의 말씀을 설교하려 한다면 우리 또한 고통을 겪을 것이다. 무시당하고 미움을 받고 머리를 기댈 곳도 찾을 수 없을 것이다(마태 10,16; 요한 15,18 참조). 우리는 이 고통에서 벗어나게 해 달라고 기도하지 않고, 조금 덜 자기중심적이고 조금 더 그리스도 중심적이게 해 달라고 기도한다.

그러나 원하는 방식과 반대로 행동하는 것이 부분적으로는 평범한 그리스도인의 생활 방식이 아닌가? 우리는 마음을 열고 자신의 삶을 나누기를 원하지만 실제로는 그와 정반대로 마음을 닫고 개인주의적으로 살아간다. 이렇게 우리는 회심하기 전의 바오로 사도처럼 "나는 내가 바라는 것을 하지 않고 오히려 내가 싫어하는 것을 하며"(로마 7,15) 살아가고 있다.

바오로 사도는 그리스도인이 살아야 하는 방식에 관하

여 초점을 맞추지는 않는다. 그는 사람이 성령께서 이끄시는 대로 살지 않고 법대로 살 때 어떻게 무력함을 느끼게 되는지를 보여 준다. 로마서 8장은 그리스도인이 어떤 사람으로 살아야 하는지에 대하여 묘사하고 있다. 바오로 사도는 그리스도인을 새 피조물이라는 용어로 지칭하는데, 이는 죄에 죽고 자유로운 존재가 되는 것을 의미한다. 바오로 사도는 율법은 잘못만을 드러내는 반면 성령은 잘못을 고치기 위한 힘을 우리 안에 불어넣어 주시기 때문에 자유로운 존재가 되기 위해서는 반드시 성령의 도우심이 필요하다고 말한다.

"그러므로 형제 여러분, 우리는 육에 따라 살도록 육에 빚을 진 사람이 아닙니다. 여러분이 육에 따라 살면 죽을 것입니다. 그러나 성령의 힘으로 몸의 행실을 죽이면 살 것입니다."(로마 8,12-13)

우리는 한 인간으로 성장하는 과정에서 자기중심적으로 행동한다. 하지만 그리스도인으로 성장하며 성령의 힘으로 우리를 죄스러움에서 자유롭게 해 주시도록 그리스도께 자신을 봉헌한다. 그리스도께서는 하느님과 이웃을 사랑하라는 위대한 계명으로 우리를 초대하실 때, 1미터쯤 떨어진 곳에 묶인 개에게 뼈다귀를 흔들며 먹으라고 불가능한 것을 요구하는 개 주인처럼 행동하지 않으신다. 세리들과 창녀들, 베드로와 착한 도둑은 많은 사람들과 함께 치유를 가져오는 그리스도의 용서가 하느님과 이웃과 자기 자신을 사랑하도록 변화시킨다는 것을 단호하게 증언한다. 그리고 이러한 사랑이 그리스도께서 그들을 부르신 이유이다.

그리스어 '프네우마'Pneuma는 "정신, 영"spirit만이 아니라 "바람, 숨, 공기"를 의미한다. 수 족에게 있어서 머리와 가슴과 입가에서 느껴지는 프네우마는 '와칸탄카'Wakantanka 곧 '위대한 영'the Great Spirit의 치유의 힘이다. 그리스도인들에게 프네우마는 '하느님 아버지께서 우리에게 새 생명을 주시고 우리를 새롭게 창조하시기 위하여 보내시는 위대한 영'이다. 용서는 수 족과 그리스도인들에게 치유의 영healing pneuma을 불어넣어 준다. 그러나 그리스도인들은 치유를 경험하지 못하는 경우가 자주 있다. 그렇다면 치유, 새로운 창조, 착한 도둑이나 베드로처럼 눈에 확연히 띄게 변화하는 체험을 하는 고해성사를 우리는 어떻게 거행할 수 있을까? 기억의 치유라고 부르는 일련의 과정은 치유를 동반하는 고해성사와 더 깊은 용서를 위해 우리를 준비시킨다.*4

---

*4 기억의 치유를 돕는 치료에 관해서는 Ted Dobson, *How To Pray for Spiritual Growth*, Paulist, N.Y., 1982; Matthew and Dennis Linn, *Healing Life's Hurts*, Paulist, N.Y. 1978; Matthew and Dennis Linn and Sheila Fabricant, *Prayer Course for Healing Life's Hurts*, Paulist, Ramsey, 1983; *idem, Praying with Another for Healing*, Paulist, Ramsey, 1984; Leanne Payne, *The Broken Image*, Cornerstone, Westchester, Ill., 1981; Agnes Sanford, *The Healing Light*, Logos, Plainfield, 1976; Barbara Shlemon, *Healing the Hidden Self*, Ave Maria, Notre Dame, 1982; Ruth Stapleton, *The Gift of Inner Healing*, Word Books, Waco, 1976 참조.

토론을 위한 질문*5

1. 그리스도께서는 치유를 청하는 사람들을 항상 치유해 주셨는가?

2. 그리스도인이라면 "오히려 내가 싫어하는 일을 합니다."(로마 7,15)라는 성경 말씀을 반드시 경험해야 하는가?

3. 고해성사가 어떻게 하면 더 치유적인 경험이 될 수 있다고 생각하는가?

---

*5 이 질문들은 생각을 촉진하기 위한 것이므로 단순하게 대답하기 어려울 수도 있다.

2장

기억의 치유
- 그 의미는 무엇인가?

지난해 나는 정신과 병동에서 바쁜 한 주를 보내고 휴식과 피정을 위해 일터를 떠났다. 피정 중에 "당신은 언제 하느님을 가장 가깝게 느꼈습니까?"라는 질문이 주어졌다. 사람들은 친구가 죽었을 때, 외로울 때, 부당하게 모욕을 당할 때 등으로 대답을 했다. 이것은 나에게 충격이었다. 이 사람들을 하느님 가까이 다가가게 한 경험들과 정신과 병동에서 내가 만난 환자들을 그곳으로 데려오게 한 경험들이 거의 같았기 때문이었다.

나는 우리가 모든 순간을 각기 다른 두 가지 방법으로 이해할 수도 있다는 것을 깨달았다. 한 가지 방법은 우리를 하느님, 이웃, 우리 자신에게 열도록 도와주고, 다른 한 가지 방법은 정신과 치료가 필요할 정도로 우리를 닫게 만든다는 것이다. 예를 들어, 친한 친구의 죽음 때문에 하느님께 계속해서 화를 낼 수도 있고, 이별의 고통으로 다시는 다른 사람에게 깊은 속마음을 열지 못할 수도 있다. 죽음은 외로움을 느끼게도 하지만 바로 이 외로움이 하느님과 더 깊은 개인적인 관계를 맺는 계기를 마련해 주기도 한다. 또한 죽음은 생명에 대한 새로운 감사와 그 생명을 이웃과 나누고 싶은 기쁨을 갖게도 한다.

성령의 도우심으로 우리는 이미 우리 마음을 열게 하는 경험들을 기억해 냈다. 이러한 경험들을 기억할 때 우리는 그분의 사랑과 평화와 기쁨을 느낀다. 기억을 치유할 때 우리는 우리를 똑바로 걷지 못하게 하는 경험들을 기억해 내고, 그 경험들을 성령의 관점에서 보게 된다.

기억의 치유는 성경 안에서 항상 일어나고 있다. 이스라엘은 노예 생활을 하던 때와 사막에서 방황하던 때로 계속해서 돌아감으로써 그러한 비극적인 시대에 하느님께 더 가까이 다가갔다는 사실을 새롭게 체험한다. 형제들에 의해 노예로 팔려 간 요셉의 이야기(창세 45장)를 생각해 보자. 형제들의 배신은 요셉을 복수와 비통함과 불신의 덫에 갇히게 하여 형제들이 식량을 구하러 왔을 때 그들을 받아들이지 않게 할 수도 있었다. 하지만 요셉은 그 기억을 치유했다. 곧 과거를 돌이켜 보며 노예로 팔린 사건에서 구원의 의미를, 다시 말해서 그 사건으로 인해 훗날 이집트에서 이스라엘을 먹여 살릴 수 있는 위치에 있게 되었다는 것을 보게 되었다.

또한 신약 성경의 저자들은 우리가 사건들을 어떻게 이해해야 하는지 계속해서 질문한다. 아담을 그리스도의 관점에서 볼 수 있는가? 십자가를 부활의 관점에서 볼 수 있는가? 되찾은 아들에 대한 그리스도의 이야기는 성경 전체를 관통하는 갈등들을 하느님의 관점에서 기억을 보게 하여 더 이상 우리에게 장애가 되지 않게 한다(루카 15,11 참조). 큰아들과 아버지는 작은아들이 자기 몫의 유산을 요구했고 그것을 가지고 아버지를 버리고 떠났다는, 같은 기억을 가지고 있었다. 아버지는 그것을 기억하며 앞에 서 있는 작은아들을 향해 다음과 같이 말한다. "그래, 내 아들이 많이 컸구나. 유산을 요구하고 집을 떠났기 때문에 여기 그냥 있었더라면 경험하지 못했을 경험을 하면서 많이 성장했구나. 그러니 살진 송아지를 잡고 잔치를 열자." 그러나 큰아들은 동생이 집을 떠나면서 모든 일을 자기에게 떠맡겼다는 것을 기억했다. 그는 몹시 지쳤고 잔치가 벌어진 것에 대해 크게 분개했다. 큰아들에게는 걸림돌이자 분노를 일으키는 기억이 아버지에게는 희망의 메시지이자 성령의 평화와 기쁨을 누릴 수 있는 원동력이 되었다.

나는 요즈음 특히 내게 주신 사제직에 대하여 하느님께 감사하고, 사제직을 통해 하느님께서 나와 다른 이들을 어떻게 움직이시는지에 관한 글을 쓸 수 있는 능력을 주신 것에 대해 감사드린다. 나에게서 치유하기를 원하시는 것이 무엇인지를 여쭈어 보았을 때 주님께서는 글만이 아니라 삶의 모든 것을 통해 더 많이 나누라고 말씀하셨다.

나는 과거에 겪은 많은 사건들 때문에 나누는 것을 매우 어려워한다. 그중 하나는 좋은 성적을 얻으려고 동생과 경쟁한 것이었고, 그 태도는 학급 친구들과도 거리를 두게 만들었다. 그러한 뿌리 깊은 경쟁심 때문에 나는 지금도 무지를 받아들이기 힘들어하고, 다른 사람의 깨달음에서 도움을 얻지도, 나 자신의 깨달음을 나누지도 못한다. 내 안에 치유되지 못한 것이 무엇이든 그것이 이 책을 쓰는 것 또한 힘들게 한다.

치유에 대한 갈망이 절실했을 때 나는 그리스도께 질

투심과 경쟁심을 없애 주시고, 대신에 성령께서 주시는 사랑과 평화가 내 안에 더 넓게 자리하여 그것을 나눌 수 있기를 기도할 수 있었다. 이렇게 그리스도께 간구했을 뿐 아니라 나는 더 이상 고통스러운 기억이 내 삶에 끼친 부정적인 영향만 보지 않고 오히려 그것이 어떻게 나에게 선물과 재능을 남기게 되었는지 이해하게 되었다. 예를 들어, 바로 그 경쟁심이 나를 더 열심히 공부하게 만들었고, 그렇게 해서 형성된 지적 능력을 통해서 지금 글을 쓸 수 있게 되었다. 나는 그러한 선물에 대하여 하느님께 감사드린다. 하느님의 사랑은 이와 같이 많은 열매를 맺었고, 그것은 지금까지 나에게 성장과 변화를 위한 힘이 되어 주었다.

기억을 치유할 때 나는 과거의 상처가 나를 조종하여 자기중심적으로 행동하게 하는 것을 내버려 둘 것인가? 아니면 성령의 평화와 사랑이 나의 미래를 다스리도록 할 것인가? 둘 중 하나를 선택해야 한다. 과거의 기억들로 돌아가 그 기억들을 성령 앞에서 다시 들여다보면, 과거의 상처는 더 이상 나를 조종할 수 없게 되고 자유를 주는 성령의 힘이 나를 다스리게 될 것이다.

잠시 멈추어서 성경 안에서 하느님께서 어떻게 기억을 치유하시는지 생각해 보면 그분께서는 내 삶에도 똑같은 방식으로 관여하고 계심을 알게 된다. 사실 하느님께서는 즉시 치유하실 수 있지만, 일반적으로 나를 통하여 일하시고 다음과 같이 하도록 나를 부르신다는 것을 알게 된다.

1) 주님께서 내게 주신 선물에 감사할 것
2) 내 안에서 치유하기를 원하시는 것이 무엇인지 주님께 여쭈어 볼 것
3) 나의 치유를 방해하는 고통스러운 기억을 그리스도와 나눌 것
4) 나의 마음을 닫게 하는 상처와 화, 다른 모든 감정들을 그리스도께서 가져가시도록, 그리고 그분께서 고통스러운 기억들과 관련된 사람들을 용서하셨듯이 나도 용서할 수 있도록 도와주시는 성령의 사랑을 내 안에 심어 주실 수 있게 도울 것
5) 내 상처를 가져가신 그리스도와 나의 고통스러운 기억에 대하여 감사함으로써, 성령의 사랑을 받아들일 수

있도록 나를 도와주시는 그리스도께 계속해서 협력할 것
6) 치유에 대하여 하느님께 감사드리고, 그분이 치유해 주신 방식으로 행동하는 자기 자신을 상상할 것

성령께서 치유가 필요한 기억들을 알려 주실 때마다 나는 이 모든 단계 또는 일부를 반복하곤 한다. 다음 여섯 개의 장章에서 이 여섯 단계를 실천하는 방법들을 제시한다.

🕊️ 토론을 위한 질문

1. 요셉의 이야기(창세 45장)와 되찾은 아들의 이야기(루카 15장) 사이에 어떤 유사점이 있는가?

2. 루카 24,13-35를 읽어 보자. 그리스도께서 도망가는 제자들에 대한 고통스러운 기억들을 어떻게 치유하시는가?

🕊️ 개인 묵상

1. 고통스러운 기억에 대한 치유를 경험한 적이 있는가? 만약 있다면 어떤 단계들을 체험했는가?

3장

우리가 받은 선물에 대하여 하느님께 감사드리기

한 광신도가 미켈란젤로의 '피에타'를 여러 차례 내리쳐 심각한 손상을 입혔을 때 온 세계가 경악했다. 하지만 이 위대한 작품을 복원하기 위하여 세계적인 거장들이 한자리에 모였다는 사실에 놀란 사람은 아무도 없을 것이다.

그러나 이탈리아에 도착한 조각가들은 손상된 조각상 얼굴에 대한 복원 작업을 즉시 시작하지 않았다. 그들은 여러 달 동안 조각상을 바라보고 흐르는 선들을 만져 보며 각 부분이 어떻게 고통과 황홀감을 동시에 표현하고 있는지 감탄하면서 시간을 보냈다. 조각가들은 점점 더 미켈란젤로의 눈으로 보고 미켈란젤로처럼 만지고 느낄 수 있게 될 때까지 손과 같은 조각상의 일부분만을 연구하면서 여러 달을 보냈다. 마침내 조각가들이 피에타 상의 얼굴을 복원하기 시작했을 때 그들의 손놀림은 그들 자신의 것이지만 동시에 거의 미켈란젤로의 것이라고 할 수 있었다.

우리는 미켈란젤로가 아니라 하느님이라는 조각가의 손에 의해 흙먼지에서 피에타 상을 능가하는 걸작으로 태어났다(창세 2,7 참조). 우리가 자기 자신을 손상시킬 때마다 하느님께서 즉시 우리를 복원하고 계시다는 것은 놀라운 일이 아니다. 그분은 조각난 우리를 어느새 다시 모아 새롭게 탄생시키고 계신다.

치유를 원할 때 바로 뛰어들어서는 안 된다. 조각가이신 하느님께서 나를 아시는 것처럼 나도 나를 알아야 한다. 자신의 영원한 가치를 알기 전까지는 왜 치유가 필요한지 우리는 그 깊은 의미를 알 수 없다. 가장 작은 자기중심적인 태도일지라도 그것이 우리에게 입히는 손상은 피에타 상에 가해진 어떤 타격보다도 크다. 성경은 이렇게 말한다. "우리는 하느님의 작품입니다. 우리는 선행을 하도록 그리스도 예수님 안에서 창조되었습니다. 하느님께서는 우리가 선행을 하며 살아가도록 그 선행을 미리 준비하셨습니다."(에페 2,10) 그분께서 주신 선물에 대해 감사드릴 때 우리는 비로소 우리 자신을 더 이상 우리 자신의 눈이 아닌 그분의 눈으로 보게 된다. 우리가 받은 선물을 알면 우리는 어떻게 치유되어야 하는지 알게 되고 조각가의 의도대로 변화할 수 있게 된다.

성경은 창조주께서 보시는 것처럼 우리가 우리 자신을 보도록 도와준다. 예를 들어, 창세기의 창조 이야기는 하느님께서 사람을 "당신의 모습으로"(창세 1,27) 만드실 정도로 소중히 여기신다는 것을 보여 준다. '우리가 어떻게 하느님을 닮았는지'에 집중하며 기도하는 마음으로 우리의 감각이나 신체의 일부분을 창조주께서 하신 것처럼 소중히 느껴 보자.

피에타 상의 손을 들여다보는 조각가처럼 경외심을 가지고 자신의 손을 들여다보며 잠시 동안 말없이 머물러 보라. 그리고 수많은 손을 찍은 사진들 중에서 자신의 손을 찾아낼 수 있도록 자기 손의 고유한 특성을 알아보라. 그리고 그 손에 대하여 하느님께 감사드리는 것으로 마무리하라.

그런데 우리가 손이라는 선물에 대하여 하느님께 마땅한 감사를 드리는 때는 바로 그 손이 다른 사람들에게 어떤 선물이 되었는가를 이해할 때이다. 다른 조각가들과 달리 하느님께서는 당신이 만드신 그 손 안에 현존하신다. 그분께서 우리의 손을 다른 사람들을 위하여 어떻게 사용하시는지 이해하기 위해서 우리는 먼저 한 걸음 물러서서 다른 사람들이 어떻게 그들의 손으로 우리에게 선한 일을 베풀었는지 생각해 볼 필요가 있다. 그런데 나는 사람들이 나에게 어떻게 선의를 베풀었는지 깨닫는 것은 매우 쉬운데, 내가 다른 사람들에게 어떻게 선물이 되었는지, 다시 말해 하느님께서 나를 통해서 어떻게 다른 사람들에게 다가가셨는지를 깨닫는 것은 어렵다고 느낀다. 그러나 이것을 깨달아야 한계를 지닌 나 자신의 시선이 아니라 창조주이신 하느님의 시선으로 나를 바라보게 된다.

성령의 선물에 대한 성경 말씀들은 우리가 받은 가장 심오한 선물들을 발견하는 또 다른 방법을 보여 준다(갈라 5,22; 2베드 1,5-7 참조). 평화와 인내와 사랑과 친절을 경험할 때 우리는 하느님의 마음으로 행동하고 느낀다. 나는 성령의 이러한 선물을 통하여 사람들이 나를 용서했던 순간들, 그들과 주님 사이에 일어난 일을 나누었던 순간들, 나에게 좀 더 공동체를 위하여 살아야겠다는 마음을 불러일으킨 순간들을 기억하게 된다. 그 선물들은 또한 내가 같은 방식으로 다른 사람들에게 선물이 되어 주었던 때를 상기시켜 준다.

축복에 초점을 맞추는 것은 자칫 완전한 자기도취로 비칠 수도 있겠지만 그렇게 하는 이유는 우리 자신이 아니라 우리를 만드신 '조각가'를 자랑하기 위해서이다. 우리가 받은 축복을 기억하면서 우리는 예레미야와 이사야 예언자가 중대한 위기의 시기에 그러했듯이 우리 신앙의 역사를 전체적으로 꿰뚫어 보게 된다.

자신의 아름다움에 관하여 더 많이 알아차릴수록 우리는 창조주께서 하시듯이 부서진 조각들을 모아 우리 자신을 복원할 수 있게 된다. 따라서 그분께 치유해 주시도록 기도할 때 우리는 우리 손에 놓인 부서진 조각들을 바라보는 것이 아니라 하느님의 걸작을 바라보고 있는 것이다. 이제 그분께서 우리 안에서 다시 만들고 싶으신 부분이 무엇인지 그리고 우리가 어떻게 그분의 예술 작업에 참여할 수 있는지 여쭈어 볼 준비가 되었다.

🕊 토론을 위한 질문

1. 자기 자신을 사랑하지 않는 사람이 하느님을 사랑할 수 있는가?

2. 어떻게 하면 자아도취적이 되지 않으면서 자신이 받은 재능, 축복 등에 대하여 하느님께 감사드릴 수 있는가?

3. 조각가들이 미켈란젤로의 피에타를 복원하는 것과 자비로우신 하느님께서 우리를 복원해 주시는 것 사이의 유사점과 차이점은 무엇인가?

🕊 개인 묵상

1. '하느님 사랑의 타원형' 작업을 해 보자(부록 232쪽 참조).

2. 하느님의 사랑을 가장 크게 느꼈던 사건을 하나 선택해 보라. 어떤 사건인가? 그때 무엇을 느꼈는가? 그 경험은 갈라 5,22과 비슷한가?

3. 좀 더 큰 도전이 되는 '하느님 사랑의 봉헌의 삼각형' 작업을 해 보자(부록 233쪽 참조).

4장

그리스도께서 치유하기를 원하시는 것이 무엇인지 여쭈어 보기

때때로 나는 잘못된 이유로 치유받기를 청한다. 내가 치유되기를 바라시는 분은 그리스도이시기 때문에 단지 다른 사람의 기대에 맞추어 살기 위해서 또는 긴장을 좀 덜하며 살기 위해서 치유를 청하는 것은 충분한 이유가 되지 못한다. 그리스도께서는 나와 우정을 나누시기 위해 오셨으므로 당신과 친교(요한 17,21)를 방해하는 것에서 나를 치유하기를 원하신다. 이렇게 그리스도의 관점에서 치유를 바라보면, 상처란 사람들을 그리스도에게서 멀어지게 하는 것임을 알게 된다.

예를 들면, 나는 자주 사람들을 믿지 못한다. 이러한 불신을 치유하기 원하는 이유가 나 자신이 실망스럽기 때문이라든지, 나의 불신이 학생들을 자극하기 때문이어서는 안 된다. 치유를 원하는 이유는 그리스도여야 한다. 곧 학생들을 가르칠 때 나의 불신이 초래하는 진짜 비극은 학생들과 나 사이에 일어나는 문제가 아니라, 학생들과 내가 그리스도를 신뢰하는 것이 더욱 어려워진다는 것이다.

"나는 여러분과 함께 내가 경험한 치유에 대해 나누고 싶다. 언젠가 나는 보고서를 늦게 제출하여 자주 애를 먹이는 같은 과 직원에게 보내는 쪽지를 써서 가지고 있었는데, 그것은 앙심을 품은 듯한 말투로 쓰여 있었다. 나는 이 쪽지가 나와 하느님의 관계, 그 직원과 하느님의 관계에 어떤 영향을 끼칠지 숙고했고, 결국 그 쪽지를 찢어 버리고 상처를 주는 말을 하지 않기로 했다."

내 친구는 그리스도의 관점으로 치유에 접근함으로써 그가 원하는 것은 자신의 빈정대는 태도의 치유이며, 그렇게 함으로써 그 직원과도 더 잘 지낼 수 있고 궁극적으로 둘 다 주님과 더 나은 관계를 맺을 수 있다는 것을 깨달았다.

마음의 귀로 그리스도의 말씀에 귀를 기울일 때 나는

그분께서 치유하기를 원하시는 것이 무엇인지 알 수 있었다. 근본적으로 그리스도를 지향하면서 그분의 뜻대로 행동한다면 마음으로 그분의 평화와 기쁨, 순종과 사랑을 느낄 수 있을 것이다. 만일 혼란, 걱정, 슬픔, 또는 내면에서 전쟁 같은 충돌이 일어나고 있다고 느낀다면 이것은 악이 근본적으로 그리스도를 지향하는 나와 전투를 하고 있다는 것을 의미하며, 그리스도께서는 이 전투로 인한 부상을 틀림없이 낫게 해 주실 것이다.

하루를 돌아보면서 나는 내가 다른 사람의 성공을 기뻐하지 않을 때 또는 나를 도우려고 애쓰는 사람들을 멀리할 때 평화가 사라진다는 것을 알아차린다. 학교에서는 배우는 것을 즐기지 못할 때, 시험 때문에 너무 많이 공부해야 할 때, 토론에 충분히 참여하지 못하거나 다른 사람들의 경험에 충분히 공감하지 못할 때 마음이 불편하다는 것을 알아차린다. 지금은 글을 쓰면서 깨달음을 얻는 이 순간을 즐기지 못하고 이 책을 끝내는 것에 대해 걱정하며 평화를 잃고 있다. 나는 하루를 돌아보며 그리스도와의 관계를 깊게 하지 못했을 때 깊은 평화, 인내, 기쁨을 느끼지 못하였다.

그리스도께서 나에게서 치유해 주시고자 간절히 원하시는 것이 무엇인지 알려 주시면, 나는 내가 그분 가까이 머물지 않을 때 보통 어떤 태도를 취하는지 그분께 여쭈어 보고 또 기도한다. 그리스도께서는 내가 얼마나 자주 내 자신이 가치 있는 사람이라는 것을 증명하려고 하는지 보여 주셨다. 그분이 아니라 사람들이 나에 대해서 어떻게 생각하는지 그것에 맞춰 살려 할 때 그분과 나의 친교는 약해진다.

나는 무엇이 나를 바람직하지 못한 방법으로 행동하게 하는지를 알아낸 후에 내가 치유를 원하는지 그렇지 않은지를 그분께 말씀드린다. 이것은 그리스도를 만짐으로써 하혈병이 치유된 여인의 이야기와 같다(루카 8,40 참조). 사방에서 밀어 대는 군중 속에서 많은 사람들이 그리스도를 만졌지만 그중 어느 누구도 자신에게 치유가 일어났다고 말하지 않았다. 오늘날 성사신학sacramental theology은 그리스도의 치유의 힘은 마술적인 것이 아니라, 그 힘을 받는 사람의 갈망과 관계가 있다는 것을 특별히 강조하여 설명한다.[*6] 2000년 전이든, 성체성사 중이든, 치유 기도 중이든 그리스도께서는 우리가 낫게 해 달라고 청할 때 움직이시다.

나는 진심으로 치유를 원하는가? 되찾은 아들은 치유를 받는다는 것이 더 이상 아버지의 아들이 아니라 종이 되는 것을 의미하더라도 치유를 원했을 것이다(루카 15,19 참조). 나는 그리스도께서 치른 대가를 기꺼이 치를 준비가 되어 있는가? 이를테면 나에 대한 사람들의 판단이나 생각에 덜 의존할 준비가 되어 있는가? 이것은 나에게 주어지는 영예와 어깨를 다독여 주는 손길, 필요한 존재라는 느낌, 나의 성공이 다른 사람의 성공에 미치지 못할 때 스스로 자신을 동정하는 태도 등을 버린다는 것을 의미한다. '예, 저는 어떠한 대가를 치르게 되든 상관없이 낫기를 원합니다.'라고 말할 수 있으면 나는 다음 단계로 넘어갈 준비가 된 것이다.

그러나 '예'라고 대답할 수 없으면 치유를 원할 수 있도록 기도해야 한다. 종종 이러한 원의는 내 삶의 역사 안에서 그분께서 나를 축복하시고 낫게 해 주셨던 방식들

---

*6 Edward Schillebeeckx, *Christ, the Sacrament of the Encounter With God*, Sheed & Ward, New York, 1963. 최근의 성사신학에 관해서는 Monika Hellwig, *The Meaning of the Sacraments*, Pflaum, Dayton, Ohio, 1972 참조.

을 다시 기억하며 기도할 때 되살아난다. 그분과의 역사를 기억하면 나는 나의 죄스러움과 그것이 어떻게 번져 나가는지에 관해서도 알게 된다. 인정과 권위에 대한 나의 욕구는 전쟁과 경제적 제국주의를 비롯한 다른 비극적 상황들에 영향을 미치고 확대된다. 나는 마침내 "제가 어떤 대가를 치르게 되더라도 당신이 저를 낫게 해 주시기를 원합니다."라고 말할 수 있을 때까지 그리스도의 모범을 따라 살고자 할 것이다.

'예'라고 말할 수 있게 되면 비슷한 여러 사건들 안에서 이미 나를 치유해 주고 계신 그리스도께 감사드려야 한다. 과거에 해 주신 치유에 대해 주님께 감사드릴 때 나는 여전히 죽어 있는 내 삶의 여러 영역들, 특히 하느님과 이웃, 또는 나 자신과의 관계에서 아직 생명력을 회복하지 못하고 있는 영역들에 대해서 변함없는 희망을 품고 계시는 그리스도의 기도에 동참하는 것이다.

"'아버지, 제 말씀을 들어 주셨으니 아버지께 감사드립니다. 아버지께서 언제나 제 말씀을 들어 주신다는 것을 저는 알고 있습니다.' 예수님께서는 이렇게 말씀하시고 나서 큰 소리로 외치셨다. '라자로야, 이리 나와라.' 그러자 죽었던 이가 손과 발은 천으로 감기고 얼굴은 수건으로 감싸인 채 나왔다. 예수님께서 사람들에게, '그를 풀어 주어 걸어가게 하여라.' 하고 말씀하셨다."(요한 11,41-44)

토론을 위한 질문

1. 모든 죄가 그 죄를 지은 당사자 외에 다른 사람들에게도 상처를 주는가?

2. 다른 사람에게 상처를 입히는 모든 죄는 또한 그 사람이 맺고 있는 그리스도와의 관계에도 상처를 입히는가?

3. 모든 죄는 그 죄를 짓도록 유혹하는 '보상 또는 이득'이 있는가?

개인 묵상

1. 오늘은 어떤 감정들이 오고 가는 것을 느꼈는가? 그 이유는 무엇인가?

2. 그리스도께서는 당신 안에서 무엇을 치유하기를 원하시는가?

3. 치유를 받았다면 어떤 '보상'을 하여야 할까?

5장

치유를 방해하는
고통스러운 기억에 대하여
그리스도께 말씀드리기

저격수의 총알이 케네디 대통령의 목을 관통했을 때 딕 브라운은 단 두 발자국 떨어진 곳에 서 있었다. 그가 총을 맞은 것은 아니었지만 딕 브라운은 댈러스에서 운명의 그날 이후 자주 악몽에 시달렸고 목의 통증으로 잠을 설치곤 했다.

고통스러운 기억은 육체적·심리적으로 우리를 아프게 한다. 한 친구는 초등학교 때 대답을 잘못하여 비웃음거리가 된 후에 자신 있게 말하는 것이 거의 불가능해졌다.

고해성사에서 육체적이고 심리적인 치유를 얻으려면 상처뿐 아니라 그 원인도 함께 드러내 고백할 필요가 있다.*7 그리스도께서 우리에게 바라시는 대로 자신 있게 이야기하지 못한다고 고백하면 그것은 상처에 대한 고백이고, 초등학교 때 비웃었던 사람을 아직 용서하지 못했다고 고백하면 그것은 상처의 원인에 대한 고백이다.

고해성사를 보러 올 때마다 '어머니'는 아들을 잘 참아 주지 못했다고, '아내'는 집안일을 전혀 하지 않았다고, '남편'은 항상 아내의 말을 반박했다고 고백했다. 그러나 진정한 치유는 이 사람들이 각각 그런 행동을 하도록 만든 과거의 기억들을 다룬 후에 일어났다.

'어머니'는 아들이 친구를 집에 데리고 올 때마다 자신이 항상 심한 조바심을 내며 행동한 것을 깨달았다. 이것을 시작으로 이해하게 된 어머니의 진짜 문제는 '아들에 대한 인내심이 부족한 것'이 아니라, '아들이 친구들의 기대에 못 미쳐 그들에게 따돌림을 당할까 봐 두려운 것'이었다. 그 어머니는 사람들이 자신을 따돌렸던 과거의 사건들을 그리스도와 함께 방문하고 그리스도처럼 용서한 후 따돌림의 두려움과 위협을 덜 느끼게 되었고, 아들과의 관계에서는 좀 더 인내심을 가지게 되었다.

집안일을 제대로 하지 못한 것에 대해서 자신을 책망

---

*7 죄의 뿌리를 고백하는 고해성사에 관해서는 Michael Scanlon, *The Power in Penance*, Ave Maria Press, Notre Dame, 1972. 나의 감정에 대한 예수님과의 솔직한 대화에 대해서는 Pierre Wolff, *May I Hate God?*, Paulist, N.Y., 1979; Conrad Baars, *Feeling & Healing Your Emotions*, Logos, Plainfield, 1979 참조.

하던 우울한 '아내'는 그런 식으로 처음 행동했던 때를 기억해 냈다. 9년 전 유산을 한 이래로 계속되는 어떤 패턴이 있다는 것을 깨달았다. 유산에 대한 기억을 그리스도와 나누고, 유산을 하느님의 벌이라고 단죄했던 종교 단체를 그리스도와 함께 용서하자 우울증이 완화되었다.

'남편'은 아내가 좋은 이야기를 해도 늘 반박하게 된다고 하소연했다. 어느 날 그가 평소처럼 아내의 말을 반박하다가 아내를 대하는 자신의 방식이 예전에 어머니가 그를 대하던 방식과 똑같다는 것을 깨달았다. 그는 어머니가 자기의 말을 들어 주지 않은 것처럼 아내도 그럴까 봐 두려웠다. 그는 이 깨달음에 대하여 아내와 이야기하기 전에 어머니와의 고통스러운 기억에 대하여 그리스도께 말씀드릴 필요가 있었다.

이렇게 뿌리 기억을 찾으면 엠마오로 가던 클레오파와 그의 동료가 했던 것처럼 그 뿌리 기억을 그리스도께 말씀드리자. 그리스도께서는 침통한 표정을 하고 있다고 그들을 꾸짖지 않으시고, 당장 눈앞에서 일어나고 있는 일보다 그들이 우울해하는 원인에 초점을 맞추신다. 그들은 그리스도께 예루살렘에서 일어난 일 전부와 그것에 대하여 그들이 느끼는 것, 그것이 사람들에게 미치는 영향(루카 24,13-24 참조) 등에 대해 말씀드린다. 그리스도와 함께 그 사건에 관하여 이야기하면서 그들은 그들 자신의 제한적인 관점뿐 아니라 그리스도의 관점에서 그 사건을 보게 된다. 가장 중요한 것은 그들이 그리스도의 용서, 마음 깊은 곳에서 우러나오는 치유를 가져오는 용서를 경험했다는 것이다. 그들은 더 이상 침통한 표정으로 걷지 않고 타오르는 마음으로 길을 걷는다.

엠마오로 가던 제자들처럼 우리는 지금 우리를 부르시는 그리스도께 응답하기보다는, 우리에게 영향을 미치고 있는 두려움과 죄책감과 상처에 대해서 그분께 말씀드려야 한다. 우리를 똑바로 걷지 못하게 하는 과거의 기억에 대해 이야기하는 것은 매우 심리적인 과정으로 들릴 수 있고, 또한 그것이 사실이기도 하다.

몸의 병을 고치기 위하여 기도도 하고 약도 복용하는 것처럼 우리는 두려움, 죄책감, 상처 등을 치유하기 위해 기도도 하고 심리학에서 도움이 되는 것들을 찾아 이용하기도 한다. 또한 상처가 된 기억 안으로 그리스도를 초대함으로써 용서받을 필요가 있는 것이 무엇인지 직관적으로 이해하기도 한다.

　우리는 우리를 반응하게 하는 뿌리 기억이 무엇인지 알아차리게 될 것이다. 하지만 그렇게 되지 않더라도 그것을 찾아내려고 애써 파헤치지는 말아야 한다. 치유의 과정은 숨겨진 것을 발견하기 위한 훈련의 과정이라기보다 성령께서 치유하고자 원하시는 우리의 고통스러운 기억들을 우리의 의식으로 끌어올려 주시도록 의탁하는 과정이기 때문이다. 때때로 성령께서는 마치 앞에서 예로 든 '아내'가 문제의 뿌리에 유산이 있다는 것을 깨달은 것처럼, 우리가 언제 처음으로 문제 행동을 시작했는지 깨닫게 해 주는 과정에서 뿌리 기억을 보여 주실 것이다. 때로는, 예를 들어 손님을 맞이할 때마다 조바심으로 불친절해지는 우리의 행동 패턴을 보여 주시고, 또 때로는 그와 똑같은 불친절한 태도로 우리를 대했던 다른 사람들에 대해서 말씀해 주실 것이다. 언제 무엇을 말씀해 주시든 우리는 지금도 우리를 조종하고 있는 기억들에 대해 말씀해 주시는 그분께 귀를 기울여야 한다.

　아마도 우리는 오랫동안 묻어 두고 있던 기억, 차라리 계속해서 그 상태로 묻어 두고 싶은 기억을 성령께서 수면 위로 끌어올리실까 두려워한다. 하지만 이 같은 기억은 무의식 속에 묻혀 있거나 갇혀 있어도 여전히 우리 내면에서 곪고 있으며, 그리스도를 아프게 하는 방식으로 우리를 행동하게 한다.

우리는 과거의 기억을 돌아볼 때, 피에타 상보다도 심지어 더 아름답게 자신을 바라보는 사람의 관점에서 돌아보아야 한다. 우리가 얼마나 비참한가를 알기 위해서가 아니라 우리를 만드신 예술가와 함께 복원해야 하는 흠집이 무엇인지를 알아내기 위해서 과거의 상처를 돌아보는 것이다. 우리를 흠집 낸 기억을 알게 되면 이러한 자기 성찰에 관해 성령께 감사드리자. 성찰하지 못하였을 때는 어떤 기억이든 고통스러운 기억에 관해서 그리스도와 이야기를 나누자.

엠마오로 가던 여행자들이 예루살렘에서 일어난 사건들에 대해 그리스도와 이야기를 나눈 것과 같은 방법으로 우리는 치유가 필요한 기억에 대해 그리스도와 이야기를 나누자. 그리스도를 그 사건이 일어난 장소로 초대하고, 그분을 사람들에게 소개하며, 그분과 함께 사람들이 말하는 것에 귀를 기울이자. 이것은 단순한 상상력 훈련이 아니라 그리스도와 더욱 밀접하게 관계를 맺고 그분을 온전히 체험하기 위해서 관련 있는 사람, 장소, 사물을 생각하는 관상 기도와 같은 목적을 갖는다.

예를 들어, 아내에게 늘 반박하는 '남편'은 끊임없이 그의 행동을 바로잡는 어머니에 대한 고통스러운 기억을 다시 체험할 수 있었다. 그는 어느 무더운 날 어머니에게 너무 덥다고 말했지만 여전히 스웨터를 껴입고 나가야 했을 때 아이들에게 웃음거리가 되었던 경험을 기억해 낼 수 있었다. 어머니는 아들이 무슨 말을 하든 전혀 관심이 없는 듯했다. 특히 아이들이 그를 '마마보이'라고 부르고 자기들과 함께 공놀이를 하는 대신 가서 인형이나 가지고 놀라고 조롱하듯 말하는 것에도 관심이 없는 것 같았다. 그의 분노와 반항심은 이제 어머니뿐 아니라 어머니와 비슷한 사람들, 특히 아내에게 아예 귀를 닫아 버리게 했다. 치유를 위해서는 모든 상처와 분노, 외로움, 반항심, 복수하고 싶은 충동들을 모두 그리스도께 맡겨 드려야 한다. 그분은 모든 말을 심지어 불끈 쥔 주먹을 통한 소리 없는 말까지도 다 들으신다.

엠마오의 제자들이 그들이 느꼈던 실망을 표현했듯이

그 '남편' 또한 어머니와 그 상황에 대해 어떻게 느꼈는지 표현해야 한다. 무엇을 용서할 필요가 있는지 그분의 눈으로 보기 위해서는 상처에 관하여 우리가 어떻게 느끼는지 그리스도께 표현하는 것이 우리를 위해서 중요하다.

그리스도께서는 제자들의 감정에 귀를 기울이실 뿐 아니라 그들이 필요로 하는 것에도 응답하신다. 고통스러운 기억 속에 결핍된 것이 무엇이든 그것에 대해 그리스도께서 응답하실 수 있도록 그분을 초대한다는 것은 그분께서 치유 과정을 계속하도록 해 드린다는 것이다. 예를 들어, 그리스도께서 '남편'의 어린 시절로 가서 그와 함께 걸으며 스웨터를 벗겨 주고 그와 친구들과 함께 공치기를 하며 시간을 보내실 수도 있다. 또한 아이에게 어머니의 양육 방식과 외로움을 견디는 남자의 용기가 어떤 것인지에 대해서 말씀해 주실 수도 있다. 그리스도께서 그 장면으로 들어가 상처로 인한 쓰라림을 당신의 말씀과 행동으로 어루만져 주실 때 치유가 일어난다.

악령은 우리가 화, 슬픔, 불안과 같은 감정들을 느낀다는 것을 완전히 부인하도록, 또는 그리스도께 응답해 달라고 기도할 때 그런 감정들에 대해서는 아주 간단하게만 언급하도록 자주 우리를 유혹한다. 하지만 그리스도께서는 엠마오로 가던 제자들과 그러셨듯이, 우리의 요청에 응답하시기 전에 우리가 감정들을 충분히 느끼도록 필요한 시간을 가지기를 원하신다. 분노를 비롯하여 우리가 느끼는 감정들은 선도 악도 아니다. 선악은 우리가 감정을 가지고 어떤 행동을 하는가와 감정의 영향을 받아 마음의 문을 여는지 닫는지에 달려 있다. 주차 위반 딱지를 떼였을 때 화가 나는 것은 잘못이 아니지만 경찰관에게 앙갚음을 하는 것은 잘못이다. 성경은 중립적인 감정과 도덕적 행동 사이에도 이와 같은 차이점이 있음을 강조한다. "화가 나더라도 죄는 짓지 마십시오."(에페 4,26)

우리가 느끼는 분노와 자멸적 감정들을 인식하면 치유 가능성이 높아지는데, 이는 어떤 상황이 그런 감정의 원인이 되는지에 주의를 기울이고 고통스러운 기억의 치유를 청할 수 있기 때문이다. 일단 그 기억이 표면으로 떠오르면 화와 같은 감정들을 그리스도께 맡겨 드리고 그 자리를 그분이 느끼시는 감정으로 채울 수 있다.

나는 친한 친구가 죽은 다음부터 하느님에게서 멀어진 사람을 기억한다. 친구의 죽음은, 하느님께서 돌보아 주시는 분이 아니라는 그의 생각을 확고하게 만들었다. 그가 하느님과의 관계를 회복하기 위해서는 성체 앞에 앉아서 시편 작가들이 그랬듯이 주님께 소리 지르고 화를 낼 필요가 있었다(시편 2-13장).

그리스도께 우리의 감정을 있는 그대로 표현하는 것은 얼토당토않다고 생각할 수 있다. 하지만 그리스도도 기도 중에 마음속 깊은 곳에서 우러나오는 감정들을 하느님 아버지께 표현하시곤 했다. 겟세마니에서 그리스도는 거의 절망적인 상태가 되어 "내 마음이 너무 괴로워 죽을 지경이다."(마르 14,34)라고 하시며 고통을 거두어 달라고 아버지께 절규하셨다.

마침내 죽음에 이르러 그리스도께서는 "저의 하느님, 저의 하느님, 어찌하여 저를 버리셨습니까?"(마르 15,34)라고 외치셨다. 당신의 감정을 느끼고 수용하시는 그리스도께서는 착한 도둑을 마음으로부터 용서하실 수 있었다(루카 23,43 참조). 그리스도처럼 진심으로 용서하기 위하여 우리는 우리의 감정을 느끼고 수용할 수 있어야 한다.

엠마오로 가던 제자들은 그들의 상황과 감정뿐 아니라 그 일로 인한 결과까지 그리스도께 말씀드렸다. 나자렛 예수의 죽음은 위대한 예언자가 이스라엘을 해방시키실 것이라는 그들의 희망을 무너뜨렸다(루카 24,21 참조). 우리는 고통스러운 기억이 우리 자신은 물론 다른 사람들에게도 영향을 미친다는 것을 그리스도 앞에서 인정해야 한다. "네, 저는 이 상처가 초래한 결과가 싫습니다. 하지만 저는 그 결과를 받아들이고 용서를 청합니다."라고 말씀드린다.

　그리스도인으로서 우리는 그리스도께 우리의 기억에 대해 말씀드릴 뿐 아니라 원수를 마주했을 때에도 그리스도께서 용서하신 것처럼 용서하라는 부르심을 받았다. 엠마오의 제자들은 그리스도께서 성경을 설명해 주시는 것을 들으면서 그분께서 용서하셨던 것처럼 그들 또한 용서하기 시작했다. 당신의 고통스러운 기억 속에서 그리스도께서 어떻게 당신과 다른 사람들을 용서하시는지 잘 살펴보라. 아마도 그분께서는 현존하심으로, 어루만져 주심으로, 눈길로, 한마디 말씀으로, 또는 어떤 요청을 하심으로써 용서를 하실 것이다. 그리스도께서는 우리가 단지 사람들을 받아들이는 것을 넘어서 당신이 그들을 사랑하시는 것처럼 우리도 진심으로 그들을 사랑하도록 이끄신다.

토론을 위한 질문

1. 고통스러운 기억의 뿌리는 다음과 같은 질문들을 통해서 발견할 수 있다. 치유하고 싶은 고통스러운 기억이 언제 시작되었는가? 그것에는 어떤 패턴이 있는가? 내가 지금 사람들을 대하는 방법으로 다른 사람이 나를 대한 적이 있는가? 이외에 뿌리 기억을 찾아낼 수 있는 다른 질문이나 방법에 대해 생각나는 것이 있는가?

2. 그리스도께서 엠마오의 제자들의 기억을 어떻게 치유해 주셨는가(루카 23,13-35 참조)? 성경에 기록된 것 외에 그리스도께서 어떤 말씀이나 행동을 하셨을 것이라고 생각하는가?

3. 화는 치유해야 할 것이 있다고 경고하는 고통과 같은 것인가? 그리스도께서는 화를 어떻게 다루셨는가?

개인 묵상

1. '기억의 치유를 위한 사각형'의 1, 2단계 작업을 해 보자(부록 235쪽 참조).

2. 장면 안으로 들어가서 당신의 모든 감정뿐만 아니라 화마저도 그리스도께 말씀드릴 수 있는가?

3. 기억에서 발견되는 패턴이 있는가?

4. 고통스러운 기억 중 하나가 시작된 때로 당신은 돌아갈 수 있는가?

6장

고통스러운 기억을 용서함으로써 상처를 사랑으로 대체하기

나는 서로에 대해 매우 깊은 분노와 사랑을 아주 짧은 시간 안에 차례로 경험한 가족과 함께 지낸 적이 있다. 그 가족은 딸이 넉 달 후에 결혼하겠다고 말하자 서로 소통할 길을 잃어버렸다. 그들은 딸이 경제적으로 그렇게 할 수 없다는 것을 알고 있었고, 딸이 그들을 사랑한다면 집에 머물며 대학 과정을 마칠 것이고, 18세 소녀가 잠시 사랑의 감정에 빠져 있을 뿐 진정한 사랑을 경험하는 것은 아닐 것이라고 생각했다. 하지만 딸은 자신이 진정으로 사랑하고 있으며, 사랑 외에 다른 모든 것은 부차적이라고 말했다.

여러 시간 동안 열띤 대화가 오갔으나 듣는 사람은 아무도 없었다. 마침내 그들은 함께 모여 앉아 딸과 함께 기도했다. 아무도 자기 의견을 바꾸지는 않았지만 기도 후에 그들은 모두 서로에 대한 깊은 사랑을 느꼈다.

그들이 느낀 사랑은 용서를 통해서 왔다. 그들은 자신들을 아프게 하는 말을 하는 사람이 누구든 나쁜 감정을 품지 않았다. 오히려 서로에게 전보다 더 가까이 가고 싶어 했다. 아무도 자신의 생각을 바꾸지는 않았지만 용서는 서로에게 귀를 기울이고 서로를 사랑하는 것으로 표현되었다. 더 이상 상처와 분노와 억울함이 그들을 집어삼키지 않았고, 용서와 사랑에서 우러나오는 진정한 관심이 그들 모두를 감싸 안았다.

우리는 성령께서 이 가족에게 하신 것처럼 우리의 고통스러운 기억에 대해서도 똑같이 해 주시기를 청한다. 우리를 사랑스럽지 않은 방식으로 행동하도록 압박하는 상처, 화, 억울함 등의 뿌리를 뽑고 그 자리에 용서하시는 하느님의 사랑이 심기기를 우리는 원하고 기도한다. 하느님께서는 성령을 통하여 당신의 사랑을 우리 마음에 가득 채워 주시므로, 우리는 하느님의 사랑으로 사랑을 한다(로마 5,5 참조).

성령께 모든 상처를 뿌리 뽑고 그 자리에 하느님의 용서하시는 사랑을 심어 주시기를 청함으로써, 우리는 노예로 사는 것을 멈추고 자유인으로 살기를 선택하는 것이다. 우리는 우리를 조종하는 상처들을 하느님께 맡기고, 자유롭게 행동할 수 있는 힘과 사랑을 우리에게 채워 주시는 성령께 사로잡히고자 하는 우리들의 의지를 표현해야 한다.

그리스도께서는 항상 우리가 그리스도인으로서 성령께서 주시는 자유를 선택하든지 계속 노예로 갇혀 지내든지 둘 중에 하나를 선택하도록 하신다(로마 8,12; 갈라 5,1 참조). 성령께서 주시는 자유는 우리를 구속하는 기억들과 죄에서 우리를 해방시키기 위해 돌아가신 그리스도로부터 오는 것이다(로마 6,15 참조). 그리스도를 선택한다는 것은 우리가 죄와 고통스러운 기억에서 죽고 그리스도와 함께 산다는 것을 의미한다(로마 6,2 참조).

그리스도를 선택한다면 우리는 죄와 과거의 상처로 인해 절름거리지 않기로, 근본적으로 다른 방식으로 살기를 선택하는 것이다. 옛 율법에 따라 살던 유다인들은 율법의 규정에 따라 그대로 살기를 원했으나 자신들이 상처와 죄로 절름거리고 있고 율법대로 행동할 힘이 없다는 것을 깨달았다(로마 7장 참조). 그러나 새로운 법을 어떻게 살아야 하는지 분명하게 보여 주시는 성령께서는 그렇게 살 수 있는 힘을 주시고 역동적이고 용서하는 사랑을 풍성하게 내려 주신다(로마 8장 참조). 새로운 법 아래 성령께서는 아버지 하느님의 용서하시는 사랑을 우리 안에 불어넣어 주신다. 더 이상 우리는 경청하는 사람이 없는 상처 입은 사람들의 대화에 말려들어 끌려다니는 노예로 살 필요가 없다. 오히려 우리는 우리에게 이야기하기 위해 다가오는 사람들에게 그분의 용서하시는 사랑과 관심으로 응답하는 자유로운 사람으로 살아야 한다.

성령께서는 고통스러운 기억에 대한 화, 억울한 감정 등을 즉시 없애고, 상처를 하느님의 사랑으로 대체해 주실 수 있지만, 대개는 우리가 용서의 과정에 협력할 수 있도록 단계적으로 움직이신다. 우리는 그리스도와 기억을 나누고, 새롭게 생명을 살도록 해 주심에 감사를 드리며 고통스러운 기억을 치유하시는 성령께 협력하는 것이다.

상처 내려놓기에 얼마나 우리가 협력하는지 그리고 그 상처를 하느님의 사랑으로 얼마만큼 대체하는지는 우리가 얼마나 그리스도처럼 용서하고 있는지를 보면 알 수 있다. 그리스도께서는 하느님 아버지의 용서로 우리를 용서하실 때마다 우리를 상처 입히는 고통스러운 기억들을 하느님의 사랑으로 치유하고 계시는 것이다.

나는 늘 그리스도처럼 용서하는 것이 쉽다고 생각했다. 나에게 그리스도처럼 용서하는 것은 그냥 진지하게 '당신을 용서합니다.'라고 말하고 복수심을 갖지 않는 것을 의미했다. 나는 그렇게 할 수 있다. 그러나 그리스도처럼 기꺼이, 무조건, 완전하게 내가 입은 상처에 대하여 용서하는 일은 거의 없다.

그리스도께서는 대가와 상관없이 기꺼이 용서하신다. 그분은 당신께서 하시는 용서의 행위가 돌로 쳐 죽일 죄에 해당하는 신성 모독과 관련이 있을 때에도 아무런 질문을 하지 않으시고 용서하신다(루카 5,17-26 참조). 그리스도의 용서에 대한 갈망은, 간음한 여인에게 돌을 던지려는 성난 군중의 위협이나 사람들의 미움을 받는 행실이 나쁜 사마리아 여인에게 혼자 말을 걸었다고 질색하는 사도들의 태도 등 당신에게 닥쳐올 어떤 위험에 관해서도 관심을 갖지 않게 하였다(요한 8,1-11 참조).

용서에 대한 그리스도의 준비된 자세는 그분의 조건 없는 용서의 근본적 힘이었다. 착한 도둑은 연옥의 고통으로 사랑을 증명해야 한다는 조건 없이 바로 하느님 나라로 갈 수 있음을 보장받았다(루카 23,39-43 참조). 그리스도께서는 '네가 변화하거나 음주를 포기하거나, 잘못을 사과하면 용서해 주겠다.'와 같은 조건을 제시하며 그것을 충족시킬 것을 요구하지 않으신다. 상대방이 변화하지 않더라도, 일곱 번 아니라 일흔일곱 번까지도 용서해야 한다(마태 18,22 참조). 그리스도께서는 어떤 사람이 사랑받을 만하기 때문에 더 많이 사랑하시는 것이 아니라, 당신이 오백 달러뿐 아니라 오천 달러도 탕감해 줄 수 있는 분이기 때문에 더 많이 사랑해 주신다(루카 7,41 참조).

변화가 일어나지 않을 때에도 그리스도께서는 긍정적인 면에 관심을 두신다. 사울이 그리스도인들을 공격하는 것으로 당신을 공격할 때에도 그리스도께서는 그의 열정을 보시고 그를 사도 바오로로 부르신다. 때때로 긍정은 무지를 낳을 수 있고 손에 못이 박히는 결과로 돌아올 수 있다. 하지만 그리스도께서는 악의보다는 무지를, 고통에서 오는 절규보다 용서에서 오는 절규를 선택하신다(루카 23,24 참조).

변화가 일어날 때 그리스도께서는 그 변화를 축하해 주시고 상처는 잊어버리신다. 되찾은 아들의 이야기에서 아버지는 자신이 받은 상처에 관심을 갖지도, 아들의 사과나 잘못의 고백을 기다리지도 않고, 오히려 아들이 준비한 고백의 말을 가로막는다(루카 15,11-32 참조). 아들의 성장만 보고 과거의 상처에는 장님이 되어 버린 아버지는 잘못한 아들을 과거 그 어느 때보다 더 영예롭게 만들어 줌으로써 아들의 귀향과 새로운 친교를 축하한다.

아마도 우리는 우리를 아프게 한 사람들을 용서하고 친구로 대할 수 있을 것이다. 하지만 우리가 그들을 위해 죽을 수 있을까? "친구들을 위하여 목숨을 내놓는 것보다 더 큰 사랑은 없다."(요한 15,13)

> "혹시 착한 사람을 위해서라면 누가 죽겠다고 나설지도 모릅니다. 그런데 우리가 아직 죄인이었을 때에 그리스도께서 우리를 위하여 돌아가심으로써, 하느님께서는 우리에 대한 당신의 사랑을 증명해 주셨습니다."(로마 5,7-8)

그러나 그리스도의 사랑은 이것을 훨씬 뛰어넘는다. 그리스도께서는 자신의 생명을 한 번이 아니라 성체성사를 통하여 매일 내어놓으시기 때문이다. "이는 죄를 용서해 주려고 많은 사람을 위하여 흘리는 내 계약의 피다."(마태 26,28)

   나는 좀처럼 그리스도께서 하신 것처럼 용서하지 못한다. 이는 내가 "나는 대가와 상관없이 용서할 준비가 되어 있는가? 내 용서는 무조건적인가? 내 용서는 상대방의 변화와 용서받을 만한 자격이 있고 없음에 의존하는가?" 등의 질문들에 대하여 그리스도처럼 정직하게 대답할 수 없기 때문이다. 나는 상대방이 가진 모든 선에 대하여 열려 있는가? 그래서 나에게 상처를 준 사람들에게 기도, 보살핌 등의 사랑으로 용서하고 응답하기 위해 열린 마음으로 노력하는가? 되찾은 아들의 아버지처럼 상대방과 내 안의 상처가 아니라 변화와 성장에 초점을 맞출 수 있는가? 그리하여 축하하고 감사를 드릴 수 있는가? 상대방을 상처 입기 전보다 더 가깝게 대할 수 있는가? 그를 위하여 죽을 수 있는가? 우리는 이러한 물음에 대한 그리스도의 대답을 알고 있다. "사람들이 너에게 해 주기를 바라는 대로 그들에게 해 주어라."는 "하느님께서 여러분을 용서하신 것처럼 여러분도 서로 용서하십시오."(에페 4,32)와 아주 큰 차이가 있다.

하느님께서 우리를 용서하시듯 용서하기 위하여 우리는 그리스도와 함께 고통스러운 기억의 장면으로 들어가서, 그분께서 어떻게 행동하고 말씀하시는지 주의 깊게 살펴보아야 한다. 그리스도께서는 당신의 말씀으로 우리의 고통스러운 상처를 만져 주시고 낫게 해 주실 뿐 아니라, 우리에게 잘못한 사람들도 치유하시기 위하여 그 장면 안으로 들어오신다.

이와 같이 '남편'은 그리스도와 함께 특히 자신의 어머니가 자녀들을 훈육하거나 보살필 때로 돌아가서 어머니에게 응답한다. 자신의 불안정한 마음 때문에 아들을 간섭할 수밖에 없었던 어머니의 내면을 치유하시며 미소 짓는 그리스도, 어머니를 안아 주시는 그리스도, 어머니의 손을 잡아 주시는 그리스도의 모습을 지켜본다. 그리고 어머니를 용서하고, 만지고, 어머니와 이야기하는 '남편'의 모습에서 서서히 그리스도의 모습이 드러난다.

만일 여전히 주님께서 용서하시듯이 용서의 말과 행동을 하는 것이 어렵다면 기도와 작업을 통하여 더욱 깊이 용서할 수 있도록 노력해야 한다. 주님께서는 우리에게 고통을 준 사람에게 너그럽게 행동하도록 우리를 단계적으로 이끄신다. 예를 들어, 위에서 언급한 '남편'에게 힘을 주시어, 오늘은 어머니에게 전화를 하고, 다음 주에는 어머니를 방문하고, 그다음 주에는 어머니를 저녁 식사에 초대하도록 이끄신다.

대부분의 경우에 용서를 실천하는 힘은 다른 사람들을 우리의 삶에 얼마만큼 들어오도록 허용하는지 그리고 그들과 얼마나 깊이 삶을 나누고 싶어 하는지에 따라 달라진다. 다시 말해서, 기꺼이 용서하며 서로를 그리스도처럼 소중히 여기는 사람들과 함께 삶을 깊이 있게 나눌 수 있으면 그리스도의 용서를 적용하는 것이 훨씬 쉬워질 것이다.

마찬가지로 우리의 기도 생활도 용서를 얼마나 쉽게 또 깊이 있게 할 수 있는가에 영향을 끼친다. 우리는 우리에게 상처를 준 사람을 위하여 기도하며, 용서하고 용서받았던 우리 삶의 역사를 보여 주시도록 성령께 기도한다. 기도 중에 성령께서는 우리가 그리스도를 닮도록 (마르 11,25; 마태 18,21; 루카 23,39 참조) 도와주시고, 상처를 준 사람에게서 긍정적인 면을 찾을 수 있게 도와주신다. 하지만 신뢰가 부족한 우리는 그 사람의 긍정적인 면을 보지 못하거나 인정하지 못하기에, 이런 성령의 도움은 갈등을 불러일으킬 수도 있다. 선을 발견할 수 없다면 그럴 때일수록 우리는 하느님 아버지께서 악인과 선인 모두에게 햇빛을 비추어 주셨듯이(마태 5,45 참조) 상대방을 용서해야 한다. 그리고 주님께 우리의 고통스러운 기억에 대하여 말씀드리자. 이번에는 우리에게 잘못한 사람이 그런 잘못을 하게 만든 어떤 상황이 있었는지 그리스도의 눈으로 보도록 노력해야 한다. 그 사람이 나에게만 반응하고 있었던 것이 아니라, 내가 모르는 어떤 큰 상황의 영향을 받고 있었는지, 그것에 어떻게 반응하고 있었는지 보려고 노력해야 한다.

그리스도께서 용서하신 것처럼 용서한다는 것이 당장 우리의 기분을 좋게 하는 경험은 아닐 수 있다. 매우 자주 우리는 우리 자신이 상대방과 같다는 것을 발견한다. 우리는 그들이 화를 내는 방법에 대하여 화를 내거나, 그들이 듣지 않는다고 우리도 똑같이 행동하기도 한다. 정말 우리를 괴롭게 하는 것은 우리가 그들과 같은 잘못을 저지르고 있다는 것이다. 나이지리아 사람들은 이 상황을 "당신이 한 손가락으로 다른 사람을 가리킬 때, 세 손가락은 당신 자신을 가리키고 있다."고 실감나게 표현한다. 다른 사람들에 대한 책망과 화가 자신에 대한 것으로 변하면서 우리는 점차 우울해질 수도 있다. 우리에게 상처를 준 것에 대한 비난이 줄고 상대방을 용서하게 되면서 우리는 유치하게 과민 반응을 한 것, 너무 쉽게 상처를 받은 것, 상처를 준 사람들을 돕지 못한 것 등에 대하여 자신을 비난하게 되는 경향이 있다. 우리가 문제 해결에 있어서 한몫을 하고 있는 것이 아니라, 오히려 그 문제를 일으키는 데 한몫을 하고 있었다는 우울한 발견을 하게 될 때 우리는 자신에게 고통을 주고 자신을 처벌하고 싶어질 것이다. 여기서 도전이 되는 것은 상대방에게 상처를 주었다는 확신이 들 때 자학할 것이 아니라, 그리스도께 그리고 피해를 본 사람에게 용서를 구하는 것으로 방향 전환을 해야 한다는 것이다.

예수님의 수난 이야기에서 많은 사람들이 그들 자신의 약함 때문에 우울해한다. 사도들은 함께 모여 숨어 있었고, 베드로는 울면서 도망갔고, 유다는 목을 맬 나무를 찾아 떠났고, 착한 도둑은 자기 자신을 탓하지만 결국에는 그리스도께 용서를 청했다. 희망의 불씨를 살려 놓고 용서를 청한 사람들은 그리스도께 더욱 가까이 다가갔다. 우울감은 우리에게 자기 자신의 힘에 의존하지 말고, 그리스도의 용서하시는 포옹 안에서 휴식을 취하라고 초대한다.

십자가의 길 기도를 바치거나 수난 복음을 읽으면 그리스도께서 우리의 어둠 속으로 들어오시어 당신이 어떤 대가를 치르더라도 얼마나 우리를 용서하시려는지 알게 될 것이다. 우울감은 우리가 용서하기 시작했다는 표시이며, 그리스도께서는 우리가 "예"라고 대답하기만 하면, 언제라도 우리를 용서해 주시기를 간절히 원하신다.

예수님은 용서라는 선물을 기꺼이 주시지만, 그 선물을 온전히 받고 못 받고는 전적으로 우리에게 달려 있다. 중요한 것은, 우리가 어떻게 상처를 내려놓고 그 상처를 하느님의 사랑으로 대체하는가와 상관없이, 그 상처의 기억을 십자가의 예수님께 맡기고, 예수님께서 착한 도둑을 용서하셨던 것처럼, 우리의 용서가 완전한 용서가 될 때까지 그분께서 그 과정을 완성해 주시도록 간청하는 것이 중요하다(루카 23,39 참조). 우리는 그분이 우리의 짐을 대신 지기 위하여 십자가에서 돌아가셨다는 것을 기꺼이 받아들임으로써, 마침내 우리도 우리의 짐 하나를 그분께 맡겨 드릴 준비를 하게 된 것이다.

  우리가 상처를 통하여 어떤 선이 왔는지를 그리스도의 관점으로 봄으로써 그리스도께서는 특히 우리가 우리 자신과 우리에게 상처를 입힌 사람들을 용서할 수 있도록 우리를 도우신다. 엠마오로 가던 제자들은 그리스도께서 메시아의 죽음이 어떻게 그들에게 새 생명을 가져오게 되었는지 그 설명을 들으면서 그들의 상처를 내려놓았다. 비극이 어떻게 삶의 선물인지를 이해하는 것은 요셉이 노예로 팔려 갔기에 이스라엘을 기근에서 구할 수 있었다고 이해한 것과 같다. 이와 같은 맥락에서 바오로 사도는 아담의 비극이 그리스도의 육화를, 십자가 부활을 가져왔음을 깨달았다. 그리스도께서는 우리가 용서를 한 후에 그 기억을 그분의 관점에서 보면서 이 상처투성이의 기억조차도 선을 위해서 어떻게 작용하는지를 깨닫게 될 때까지 우리가 그 기억을 잊지 말고 그것을 당신과 함께 기억하도록 우리를 초대하신다(로마 8,28 참조).

토론을 위한 질문

1. 그리스도께서 용서에 앞서 사람들이 변화하거나 사과하거나, 그 대가로 고통을 받거나 또는 다시는 그렇게 하지 않기로 약속할 때까지 용서를 거절하신 적이 한 번이라도 있었는가?

2. 오만한 사람이 화를 낸다면 이런 반응의 원인은 무엇일까? 무엇이 사람을 오만하게 만드는 것일까?

3. 어떻게 사람이 죄를 짓고도 그리스도께 그 어떤 때보다 더 가까이 다가갈 수 있는가? 죄를 많이 짓는 어떤 사람이 자기는 용서를 청할 수 있고, 또 전보다 더 그리스도와 가까워질 수 있다고 생각한다면 당신은 그 사람에게 무슨 말을 할 수 있을까?

4. '그리스도께서 용서하신 것처럼 용서하라.'는 말은 무슨 의미인가? 루카 7,36–50에 묘사되어 있는 것처럼 예수님께서 용서하실 때 하셨을 것 같지만 복음사가가 기록하지 않은 그분의 말씀이나 행동은 무엇이라고 생각하는가?

개인 묵상

1. 용서받았다는 체험을 가장 강하게 했던 때는 언제인가? 어떻게 느꼈는가?

2. 가장 용서를 잘할 수 있었던 때는 언제인가? 어떻게 느꼈는가?

3. 기억의 치유를 위한 사각형의 3단계 작업을 하라(부록 235쪽 참조). 나에게 상처를 준 사람은 어떤 압박 때문에 그런 행동을 하게 되었는가?

4. 기억의 치유를 위한 사각형의 4단계 작업을 하라. 그리스도께서 하신 것처럼 기꺼이, 조건 없이 그 사람에게 말을 걸고 다가갔는가?

5. 5단계 작업을 하라. 기꺼이, 조건 없이 용서하지 않았을 때 어떤 이득을 얻었는가?

7장

고통스러운 기억에 대하여 감사함으로써 상처를 사랑으로 대체하기

여러 해 동안 기억의 치유 작업을 해 온 나는 고통스러운 기억이 어떻게 하느님과 이웃 그리고 나 자신에게 마음을 열도록 이끌어 주었는지에 대하여 하느님께 감사를 드리는 것이 매우 중요하다는 것을 지난해에야 비로소 깨달았다. 감사의 중요성이 깊이 느껴진 것은 피정 후에 일터인 정신 병원으로 출근할 때였다. 그때 나는 죽음, 외로움 또는 불의를 똑같이 경험해도 사람에 따라 같은 사건을 축복 또는 비극으로 다르게 경험하기 때문에 피정 참가자들처럼 그 사건을 통하여 하느님과 더 가까워지는 사람들이 있는 반면, 내 환자들처럼 정신 병원을 찾는 사람들도 있다는 것을 깨달았다.[8]

---

[8] 죽음에 관한 관점 전환의 단계 · 비극에서 수용으로 : 「인간의 죽음」, 엘리자베스 퀴블러 로스 저, 성염 역, 분도출판사, 1979.

그때까지만 해도 나는 기억의 치유를 할 때 단지 그리스도와 기억을 나누고 또 어떤 상처가 있다면 그 상처를 거두어 가시고 그 자리를 사랑으로 채워 주시기만을 그분께 청했다. 하지만 마치 아무 일도 일어나지 않는 것처럼 느껴질 때가 많았다. 그런데 위에서 언급한 피정 후에 비로소 나는 고통스러운 기억에 대하여 그리스도와 이야기를 나눌 뿐 아니라 내가 그것에 대해 감사하게 되었을 때 그리스도께서는 내가 상처를 떠나보낼 수 있도록 돕고 그 자리를 당신의 사랑으로 채워 주신다는 것을 깨달았다. 그리스도께서는 나를 무능한 사람으로 취급하지 않으시고 내가 당신과 함께 일할 준비가 될 때까지 기다리셨다.

주님께서는 단번에 기억을 치유하실 수 있지만 일반적으로는 우리의 속도에 맞추어서 또 우리를 통하여 일하신다. 우리는 보통 갑작스러운 치유를 통해서가 아니라 어떤 기억에 대하여 점점 더 많이 감사하게 됨에 따라 서서히 변화한다. 그리스도께서 우리와 함께 한 단계에서 다음 단계로 나아갈 때 우리는 차츰 더 큰 치유를 경험한다. 처음에는 그리스도께 그것이 얼마나 큰 비극이었는지 말씀드리고, 그다음에는 그래도 괜찮다고 말씀드리고, 마침내 그것에 관하여 감사드리게 된다. 어떤 사건이 우리를 정말 그분에게서 멀어지게 했어도 우리는 그 사건에 대하여 기뻐할 수 있는데 그것은 모든 사건 안에는 그리스도와 이웃과 우리 자신을 하나가 되게 해 주는 새로운 가능성이 포함되어 있기 때문이다(로마 8,28 참조). 그리스도를 돌아가시게 한 죄책감에도 불구하고 엠마오로 가던 제자들은 그 비극적인 죽음을 통하여 그리스도께서 부활의 생명을 가져오셨음을 기뻐할 수 있었다. 그 여행자들처럼 우리도 비극적인 기억들에 대하여 감사할 수 있는 이유를 알려 주시는 그리스도께 귀를 기울임으로써 점점 더 많은 치유를 경험하게 된다.

감사할 것이 없는 기억은 존재하지 않는다.[*9] 우리가 가진 가장 중요한 선물 열 가지를 적고 인생의 어떤 때에 그 선물들이 가장 집중적으로 발달했는지 숙고해 본다면 우리는 얼마나 많은 선물들이 당시에는 비극적으로 느껴

[*9] 감사 기도의 역할에 대해서는 Merlin Carothers, *Prison to Praise*, Logos, Plainfield, N.J., 1970 참조.

졌던 경험들을 통해 성장하고 발전했는지 깨닫고는 놀랄 것이다. 되찾은 아들의 아버지가 자신의 마음이 가장 아팠을 때 집을 나간 아들과의 관계가 더 튼튼해졌다는 사실을 깨닫는 것은 놀라운 경험이다. 또한 엠마오의 여행자들도 그들의 삶에서 가장 어두운 순간이라고 생각했던 때가 실은 예수 그리스도께서 새로운 관계를 맺기 위하여 마련하신 때라는 것을 깨닫고 놀라움을 금치 못했다(루카 15장, 24장 참조).

우리가 선물에 대하여 인식하고 있어도 막상 사건이 너무 가까이 다가오면 감사하기가 쉽지 않다. 되찾은 아들이 아직 돌아오지 않았을 때 아버지가 감사할 수 있었을까? 또한 아직 그리스도를 만나지 못한 엠마오의 제자들이 감사할 수 있었을까? 또한 형들이 그를 팔아넘긴 후 많은 세월이 흐르지 않았다면 요셉이 자신이 노예로 팔렸기 때문에 얻게 된 선물에 대하여 감사할 수 있었을까(창세 45장)? 아마도 쉽지 않았을 것이다.

이와 같이 경험의 근접성 때문에 감사하기 어렵다면 지금 당신이 처한 상황과 비슷한 상황으로 그리스도를 모시고 가서 거기서 어떤 성장이 있었는지 찾아보자. 기원전 6세기경 제2 이사야와 유다인들은 그들의 성전과 땅에서 멀리 떨어진 바빌론에 포로로 잡혀 있었다. 이사야는 유다인들이 좌절하지 않도록 그들의 역경을 700년 전 그들의 선조가 이집트에서 겪었던 역경과 비교해서 보여 주었다. 선조 유다인들은 이집트에서의 포로 생활을 그들에 대한 하느님의 신실하심을 이해하게 되는 시기, 유다가 위대한 나라로 형성되는 시기로 경험하였다. 그래서 제2 이사야는 바빌론의 포로로 생활하는 지금의 상황 또한 주 하느님과, 그리고 서로 간에 더 깊은 관계를 맺는 계기가 되도록 해야 한다고 제안한다(이사 41장 참조).

그리스도께 어떤 기억에 대하여 감사할 수 있도록 도와 달라고 청하는 것은 성전과 잃어버린 땅에 우리가 초점을 맞추기 위해 도움을 청하는 것이 아니라 그분께서 어떻게 우리가 하느님과 이웃 그리고 우리 자신에게 마음의 문을 열도록 촉구하시는지 그분 안에서 방법을 찾는다. 우리 자신이 하느님의 멋진 예술 작품이라는 것을 우리 스스로 인정하도록 고통스러운 기억이 도와줄 때, 우리가 요셉처럼 고통스러운 기억 때문에 사람들을 좀 더 사려 깊게 배려하며 섬기게 될 때, 엠마오의 제자들처럼 고통스러운 기억이 하느님의 길을 찾기 위한 새로운 비전을 제시해 줄 때 우리는 우리를 조종하는 상처를 뿌리 뽑고 그 자리에 그리스도의 사랑을 심음으로써 그리스도와 협력하는 것이다.

우리는 고통스러운 기억들이 우리 안에서 성장시킨 새로운 차원들에 대하여 의식하게 되면서 우리 자신이 하느님의 예술 작품임을 더욱 깊이 깨닫게 된다. 우리가 잘못 대답했을 때 학급 친구들이 비웃었기 때문에 사람들이 있는 데서 말하는 것을 어려워할 수도 있지만, 그 가슴 아픈 사건으로 인하여 우리는 글이나 그림과 같은 새로운 의사 소통 방법을 개발하게 되었을 수도 있다. 또 어쩌면 그 경험 때문에 명상적 고독을 편안하게 느낄 수도 있다. 이렇게 우리가 받은 선물이 무엇인지 알아차림으로써 우리는 어떻게 그 기억이 우리에게 새로운 차원을 만들어 주었는지에 주목하게 된다.

학급 친구들에게서 비웃음을 당한 경험은 우리 안에 새로운 선물을 자라게 해 주었을 뿐 아니라 하느님과 관계를 맺는 새로운 방법에 대해서도 개방된 자세를 갖게 해 주었다. 어쩌면 친구가 거의 없는 사람은 하느님께 다가가면서 마음이 가난하신 그분을 대면하게 되기도 할 것이다. 참행복에 대한 마태오 복음 5장은 우리가 고통스러운 기억 안에서 하느님을 만나는 새로운 방법들에 대해 말해 준다. 아마도 그 기억은 우리가 벗들에게서 버림을 받고 홀로 죽음을 향하여 비틀거리며 걸음을 옮기시는 그리스도의 경험을 이해하도록 우리의 마음을 열어 줄 수도 있을 것이다.

죽음을 향하여 걸어가는 동안 아마도 그리스도께서는 벗들에게서 버림을 받았다고 느끼셨을 것이다. 그런데 이 느낌은 그와 유사한 경험을 가진 주변 사람들에 대한 배려를 한층 더 섬세하게 해 주었다. 이러한 섬세함으로 예수님께서는 요한에게, 어머니 마리아에게, 착한 도둑에게 당신의 연민을 보여 주시고, 급기야 우리가 당신처럼 버림을 받았다고 느끼지 않도록 성체성사를 남겨 주셨다.

그리스도께서는 고통스러운 기억이 어떻게 다른 사람들에게 열린 마음을 갖도록 하는지 우리에게 보여 주실 것이다. 우리가 어떻게 다른 사람이 우리에게 상처를 준 것과 같은 방법으로 다른 사람들에게 상처를 주었는지, 또는 우리가 어떻게 해서 비슷한 상황에 있는 사람들과 공감하게 되었는지 질문해 보자. 어떤 수녀는 다른 사람들에게 자신이 경험한 것과 같은 방식으로 상처를 주지 않기 위해서 스스로 갈고 닦은 연민이라는 자질을, 상처를 통하여 얻게 된 선물로 인정하고 감사하기 시작하면서 비로소 장상 수녀가 자기에게 한 심한 말을 용서할 수 있었다. 또 여러 해 동안 우울증으로 고통을 겪은 한 여자는 현재 자신에게 있는 가장 큰 선물이 우울한 사람들과 공감하고 그들을 돕는 능력임을 깨달으면서 비로소 자신을 우울증으로 몰아넣은 사람들을 용서할 수 있었다. 그리스도께서는 새로운 선물들을 통해 우리가 원하지 않는 방법으로 우리를 행동하게 하는 충동을 극복할 힘을 주신다. 받은 선물에 대하여 점점 더 많이 감사하게 될 때 우리는 더 이상 상처와 분노와 억울함 등에 의해 조종을 당하지 않고 그 선물을 주신 분께 응답하게 된다.

기억이 어떻게 하느님과 이웃과 우리 자신에게 마음을 열도록 이끌어 주는지 그리스도께서 보여 주신 다음에 우리는 그 사건과 관련된 모든 사람들 또한 성장을 경험하도록 그분께 청한다. "누구든지 자기 형제가 죄를 짓는 것을 볼 때에 그것이 죽을죄가 아니면, 그를 위하여 청하십시오. 하느님께서 그에게 생명을 주실 것입니다."(1요한 5,16)

모든 비극적인 기억들은 감사를 위한 기회를 내포하고 있는데 이는 그 기억들이 우리 아버지이신 하느님의 가족사의 일부이기 때문이다. 한 가족이 더욱더 참된 가족이 되어 갈 때 한때는 비극적으로 보였던 사건들이 생명을 주는 사건으로 변화한다. 모든 가족은 실패와 좌절의 고통, 심지어 가족을 버리고 떠나는 경험을 통하여 자녀들이 어떻게 성장했는지에 대한 이야기들을 되풀이하여 들려준다.

그리스도교의 하느님께서 다른 신들과 근본적으로 다른 점은 우리를 당신의 가족으로 부르신다는 것이다. 이 가족은 전적으로 가족만의 행사였던 과월절 만찬에 뿌리를 둔 성체성사를 공유한다. 이 가족의 자녀들은 하느님을 부를 때 팔레스타인의 어린아이가 아버지를 친근하게 부를 때 쓰는 '아빠'Abba라는 호칭을 사용한다.*10 바오로 사도는 "여러분은 사람을 다시 두려움에 빠뜨리는 종살이의 영을 받은 것이 아니라, 여러분을 자녀로 삼도록 해 주시는 영을 받았습니다. 이 성령의 힘으로 우리가 '아빠! 아버지!' 하고 외치는 것입니다."(로마 8,15)라고 말한다.

그리스도께 우리 가족사의 구원적 순간을 보여 주시도록 맡겨 드리면 우리도 하느님 아버지의 한결같은 관점에서 우리의 삶을 보기 시작한다. 우리가 하나의 가족으로 성장하면서 가족이 살아온 이야기에 감사하면 할수록 우리는 하느님께서 당신의 자녀들을 치유하시는 방법을 더욱더 소중히 여기게 된다. 감사의 마음으로 하나가 될 때 우리는 진정한 가족이 된다.

---

*10 성경이 보여 주는 가족 이야기와 관련해서는 David Stanley, *A Modern Scriptural Approach to the Spiritual Exercises*, Loyola Press, Chicago, 1967, p.245 참조.

🕊️ 토론을 위한 질문

1. 죽음, 질병, 상실 등과 같은 스트레스가 신경 쇠약의 원인이 되기도 하고, 하느님의 사랑에 대한 새로운 경험의 계기가 되기도 한다. 똑같은 것을 어떤 사람들은 비극으로, 어떤 사람들은 성장으로 경험하는 이유는 무엇인가?

2. 이집트의 요셉, 엠마오의 제자들, 되찾은 아들 이야기에서 비극으로 여겨졌던 일이 결과적으로는 성장의 경험이 되었다. 이것은 TV 드라마에서나 나올 법한 이야기인가 아니면 삶의 진실인가?

3. 친구의 죽음이나 질병과 같은 비극이 어떻게 한 사람을 하느님, 이웃, 참된 자아에 더 가까워지도록 만드는가? 이런 일이 일어나지 못하도록 방해하는 것은 무엇인가?

🕊️ 개인 묵상

1. 자신이 가진 열 가지 선물을 적어 보자. 그중에 몹시 힘들거나 슬펐던 때에 형성되고 발달한 선물들은 무엇인가?

2. '하느님 사랑의 타원형과 삼각형'을 따라 작업해 보자(부록

232–234쪽 참조). 사랑하고 사랑받은 경험들 중 비극적인 상황에서 경험한 것들은 어떤 것들인가? 그 경험들이 나를 정신 병원이 아닌 하느님께로 더 가까이 다가가게 한 이유는 무엇인가?

3. '기억의 치유를 위한 사각형'에 따라 작업해 보자(부록 235쪽 참조). 자신과 같은 방식으로 상처를 받은 사람들을 알아보는가? 자신이 상처받은 방법으로 다른 사람들에게 상처를 주지 않으려고 노력하는가?

4. '기억의 치유를 위한 사각형'의 6, 7단계를 해 보자(부록 236쪽 참조). 자신이 상처를 통하여 어떻게 성장했는지 적어도 다섯 가지 이상 찾아보자.

8장

치유에 대하여 하느님께 감사드리기

누가 주님을 만났다고 하면 우리는 그 사람에게서 변화를 기대한다. 우리는 착한 도둑이나 엠마오의 제자들처럼 주님을 만난 뒤 새로워진 사람들을 알고 있다. 어떤 사람들은 이러한 새로운 봉헌rededication의 순간을 다른 이름으로 부르는데, 성령 쇄신 운동에서는 그 순간을 성령의 세례라고 부른다.*11

'성령의 세례'나 다른 방식의 새로운 봉헌처럼 '기억의 치유'도 하나의 전환점이 된다. 두 방식 모두 그리스도의

---

*11 성령 쇄신 운동에 관하여 Rene Laurentin, *Catholic Pentecostalism*, Image, Garden City, 1978. 전통적 성경의 관점에 관하여 George Montague, *The Holy Spirit : Growth of a Biblical Tradition*, Paulist, N.Y., 1976. 성령의 세례에 관한 간단한 설명 Stephen Clark, *Baptized in the Spirit*, Dove, Pecos, N.M., 1970. 신학적 설명 Francis Sullivan, *Charisms and Charismatic Renewal*, Servant, Ann Arbor, 1982; Vincent Walsh, *A Key to Charismatic Renewal in the Catholic Church*, Abbey, St. Meinrad, 1974 참조.

사랑에 집중하며 하느님과 이웃과 자신을 사랑할 새로운 힘을 달라고 그리스도께 청하는 회개하는 사람들과 같은 단계들을 거쳐서 새로운 생명을 체험한다. 다음 이어지는 기억의 치유를 통해 새로운 생명을 얻은 친구의 이야기를 보면 아마도 자신이 하느님께 새로운 봉헌을 하면서 체험했던 새로운 생명을 다시 떠올릴 수 있을 것이다.

기억의 치유에서 기억 속의 상처를 대체해 주시는 성령의 평화와 사랑을 통하여 우리는 성령의 현존을 체험한다. 한때는 화, 분노, 좌절을 느꼈던 기억에서 이제 성령의 선물을 감지한다(갈라 5,22 참조). 우리가 성령으로부터 오는 느낌들을 더 잘 인식할수록 우리의 선택을 이끌도록 그 느낌들과 객관적인 규범인 성경 말씀을 사용한다.

"치유는 과거의 사건뿐 아니라 현재의 선택에 대해서도 평화를 느끼게 해 준다. 나는 나의 직관력을 따르는 것을 배웠다. 즉 기억의 치유에서 내가 발견한 평화와 사랑에 상응하면 나는 나의 '첫 느낌', 직관을 따른다."

기억의 치유를 통하여 오는 동일한 평화와 사랑으로 우리를 채워 주는 것이 무엇이든 그것을 우리가 선택할 때 우리는 성령께서 이끄시는 방식에 더욱 가까이 있는 우리 자신을 발견할 것이다. 성령의 현존을 의식하고 성령으로부터 오는 느낌을 바탕으로 결정할 때 우리는 모든 것 안에서 하느님을 찾을 수 있도록 우리 자신을 더욱 민감하게 한다.[*12]

결정할 때뿐 아니라 깨어 기도하는 순간에도 하느님께서는 더욱 친밀하게 현존하신다.

> "치유의 효과 중에 직접적으로 기도와 관련이 있는 것들이 있다. 기억의 치유는 마음으로 느껴지는 예수님의 현존이라는 선물을 다시 나에게 가져왔다. 의식적인 기도의 순간에 나는 유머를 느끼기도 하고, 삶의 어떤 모순을 깨닫기도 하고, 웃음을 터뜨릴 정도

[*12] 모든 것 안에서 하느님을 찾는 연습 및 성장에 관해서는 George Aschenbrenner, "Consciousness Examen", *Review for Religious*, Vol. 31:1, Jan. 1972, pp.14-21 참조.

로 기쁨을 느끼기도 하는데 이 모든 것이 새로운 기도 체험이다. 그리고 전보다 더 쉽게 눈물을 흘리고 내가 받은 정서적 선물에 대하여 감사하게 되었다."

우리의 재능과 과거 기억에 대한 느낌들과 그리스도와 함께한 용서에 대하여 그리스도와 함께 나누면서, 우리는 기도 중에 그분과 함께 집에 있는 것처럼 훨씬 더 편안하게 느낀다. 하느님과 편안하게 집에 있는 것처럼 느끼는 것은 우리가 자신에 대하여 느끼는 감정에 영향을 미친다.

"나는 나의 삶 자체가 선물이라는 것을 확실하게 느낀다. 요즈음은 전에 비해 삶에 덜 악착같이 매달리고 삶의 사랑스러움에 더 오래 편안하게 머문다. 지속적으로 무엇인가를 하기보다는 더 많은 휴식을 취하고 싶은 갈망과 그렇게 할 수 있는 힘이 생겼다. 그분의 현존 안에서 쉬는 것이 나의 주관심사이다. 이렇게 함으로써 나는 진정으로 더 폭넓은 비전을 가지고 살게 된다."

우리가 받은 예술가 하느님의 사랑과 선물을 의식할 때 우리는 더 이상 바삐 돌아다니며 자신을 증명해야 하는 충동을 느끼지 않는다. 치유를 통하여 우리는 자신을 증명하기보다는, 설령 그것이 가난이나 멸시 또는 고통을 의미하더라도 하느님께서 원하시는 삶의 방식에 더 잘 응답할 수 있게 된다.

"치유라는 선물은 고통이 가깝게 다가와도 잘 견딜 수 있는 힘을 준다. 과거의 나는 내 삶에서 어떤 고통이 갖는 의미를 알게 되면 그 고통을 어느 정도 받아들일 수 있었지만, 고통의 의미를 알 수 없을 때는 좌절감 또는 죄책감이 내 의식을 파고들었다. 하지만 이제 진정한 치유를 경험하면서 나는 그분께서 고통을 받을 수 있는 현장에서 섬김의 삶을 살도록 나를 부르실 때 고통의 '이유'에 대한 염려를 내려놓고 그분께서 과거에 그러셨듯이 이번에도 고통에서 선을 이끌어 내실 것이라는 더 큰 확신을 가지게 된다."

기억의 치유를 통해 우리는 고통과 가난과 멸시의 순

간에도 하느님께서 어떻게 우리에게 선물을 주셨는지 깨닫게 된다. 이렇게 어떤 경우에도 구원이 온다는 것을 경험했기 때문에 우리는 고통을 당할 때에도 더 이상 두려워하지 않고 가난이나 부, 성공이나 실패 그 무엇을 통해서든 그리고 어디에서든 자유롭게 그리스도를 따르도록 우리 자신을 내어놓는다(로마 8,35-39 참조).

기억의 치유는 우리가 성령의 활동을 잘 알아차리게 할 뿐만 아니라 하느님과 이웃은 물론 자기 자신과도 가까워지고자 하는 마음을 갖게 하며 종종 육체적인 치유도 더불어 가져온다. 수 족의 땀 오두막 예식에서 우울증을 위해서는 심장에, 자유로운 의사 표현을 위해서는 입술에, 두통을 위해서는 이마에 숨을 불어넣는 것을 기억해 보자.

수 족과 같이 그리스도인들도 용서는 심리적 치유뿐 아니라 육체적 치유도 가져온다고 믿는다. 그리스도의 용서가 중풍 환자의 마비를 풀어 주었듯이 교회는 용서가 육체적인 건강을 회복시켜 준다는 것을 인정한다(마르 2,1 참조). 예를 들어, 병자성사를 줄 때 사제는 육체적인 치유를 원하는 사람이 있으면 그를 위해 기도해 줄 사람이 필요하고, 자신의 죄를 고백해야 하며, 그러면 치유가 일어날 것이라고 한다(야고 5,13 참조). 루르드와 파티마에서 일어나는 육체적인 치유는 깊은 용서가 있는 곳이라면 언제든지 일어날 수 있다.

의학박사 찰스 메이요는 다양한 질병의 요인 중에 영적·심리적 요인이 모든 질병의 65~75퍼센트를 차지한다고 추정하였다.[13] 따라서 대장염이나 위궤양이나 심장마비는 아내 또는 고용인과의 긴장된 관계에 대한 육체적 반응일 수 있다.[14] 내가 일했던 정신 병원의 환자들은 위궤양, 심장마비, 기절 등의 고통을 겪는 경우가 종종 있었는데 이런 증상은 기억의 치유가 시작되면 사라지곤 했다. 다른 사람들과 하나가 되면 우리는 덜 아프고, 더 빨리 회복한다. 용서는 몇 번이고 되풀이하여 건강을 회복시켜 주며, 상처로 인해 나 자신과 사람들에게서 분리

---

[13] Eugene Selzer, "Sacraments and Healing", in *Hospital Progress*, Vol. 54:10, Oct. 1973.

[14] 치유의 정신 신체적 차원에 대한 논의에 대해서는 Morton Kelsey, "Body, Emotions and Healing", *Healing and Christianity*, Harper & Row, New York, 1973, pp.243-277 참조.

된 나를 다시 연결해 준다. 하느님께서는 우리가 당신과 우리 자신과 이웃을 사랑하기를 원하시며, 그 길에 방해가 되는 모든 심리적·육체적 질병을 진심으로 치유해 주고자 하신다.

심리적이거나 육체적인 질병이 우리를 점점 더 자기중심적으로 만들 때 하느님께서는 새로운 창조인 치유를 위해 우리를 부르신다는 것을 상상할 수 있다.

> "누구든지 그리스도 안에 있으면 그는 새로운 피조물입니다. 옛것은 지나갔습니다. 보십시오, 새것이 되었습니다. 이 모든 것은 그리스도를 통하여 우리를 당신과 화해하게 하시고 또 우리에게 화해의 직분을 맡기신 하느님에게서 옵니다."(2코린 5,17-18)

이 새로운 창조는 우리가 그분의 치유 방식에 '예'라고 응답할 때 시작된다. 자신이 새로운 피조물이라는 것을 인식하기 위하여 우리는 미래의 순간들을 그리스도와 함께 걸어 보고 그분의 치유 방식에 따라 행동하고 있는 자신을 상상해 본다.[15] 마르코 복음사가가 말한 것처럼

"너희가 기도하며 청하는 것이 무엇이든 그것을 이미 받은 줄로 믿어라. 그러면 너희에게 그대로 이루어질 것이다."(마르 11,24)*16 이미 하느님의 치유의 힘을 받았다고 믿음으로써 우리는 우리를 치유하고자 하시는 하느님의 갈망에 협력하려는 우리를 방해하는 내적 의심과 맞서 싸운다.

> "결코 의심하는 일 없이 믿음을 가지고 청해야 합니다. 의심하는 사람은 바람에 밀려 출렁이는 바다 물결과 같습니다. 그러한 사람은 주님에게서 아무것도 받을 생각을 말아야 합니다. 그는 두 마음을 품은 사람으로 어떠한 길을 걷든 안정을 찾지 못합니다."(야고 1,6-8)

---

*15 치유에 도움이 되는 상상력에 대해서는 Agnes Sanford, *The Healing Light*, Logos, Plainfield, 1976 참조.

*16 인간의 제한적 관점을 초월하여 하느님의 뜻이 이루어지도록 기도하신 예수님처럼 기도하기 : Barbara Shlemon, "Prayer for Healing", *New Covenant*, Vol. 3:5, Nov. 1973, pp.8-10.

우리는 우리가 상상한 바로 그때에, 바로 그 방법으로 치유가 일어날 것이라고 기대하지 않는다. 그리스도께서는 우리가 자신을 알고 사랑하는 것보다 우리를 더 잘 아시고 더 많이 사랑하시기 때문에 우리의 근시안적인 방법으로 그분을 통제하려고 하지 말고 그분의 방법으로 치유가 일어나기를 청해야 한다. 진정한 희망은 우리가 정한 때와 장소, 그리고 방법을 충족시키기 위해 어떤 식으로든 그리스도를 묶어 두려 하지 않고 모든 것이 하느님께로부터 온다는 것을 믿는 것이다. 우리는 어머니에게 이것저것 계속 요구하는 어린아이와 같다. 하지만 어머니가 아이의 소원을 들어 주어야만 아이가 어머니를 사랑하는 것은 아니다. 어머니는 아이에게 최선이라고 생각하는 것만을 하고 아이도 그것을 안다. 이와 같이 우리는 앞으로 다가올 우리의 삶을 미리 그리스도와 함께 상상해 보면서 그리스도께서는 우리가 우리 자신 안에서, 그리고 이웃과의 관계 안에서 점점 더 당신을 향하도록 이끌어 주시고 당신의 방법으로 치유하실 것이라는 확신을 갖게 된다.

　기억의 치유 다음에는 언제나 축제가 열린다. 요셉은

벤야민을 두 팔로 감싸 안고 울었고, 아들을 되찾은 아버지는 작은아들을 위해 살진 송아지를 잡았고, 엠마오의 제자들은 그들의 경험을 다른 사도들과 함께 나누기 위해 서둘러 돌아갔다(창세 45,14; 루카 15,27; 24,33 참조). 우리는 시간을 내어 주님과 함께 축하하고, 그분의 현존을 기뻐하고, 새로운 피조물로 새롭게 태어난 것에 대하여 감사드리자.

새로운 창조에 대하여 그분께 감사드림으로써 우리는 용서가 참으로 그분의 방식으로 치유를 가져온다고 선언하는 것이다. 이것이 바로 성령 쇄신 운동 참여자들이 charismatics 체험하는 성령의 세례이고 수 족이 그들의 땀 오두막 예식에서 체험하는 것이다. 우리가 거룩한 분과 만나고 그분의 용서를 확장할 때 우리는 단지 청하는 것만으로도 더 많이 치유될 것이다.

🕊️ 토론을 위한 질문

1. 용서는 정신적·육체적 질병과 어떤 밀접한 관계가 있을까?

2. 하느님께서는 우리가 청하면 당신이 원하는 때와 방법으로 치유해 주시겠다고 약속하셨다. 그 이유는 무엇일까?

3. 어떤 사람이 치유를 위한 자신의 기도가 응답을 받지 못했다는 이유로 하느님께서 자신을 사랑하지 않는다고 느끼거나 자신의 믿음이 부족하다고 느낄 때, 우리는 그에게 무슨 말을 해 줄 수 있을까?

4. 하느님께서 치유하시는 다양한 방법들을 상상해 보는 것이 우리가 기꺼이 하느님의 치유에 스스로를 맡겨 드리는 것을 가능하게 한다. 어떻게 이런 일이 가능할까? 여러 해 동안 아무도 1마일(약 1.6km) 경주에서 4분의 벽을 넘지 못했지만 그 벽이 한 번 깨지자 곧 많은 사람들이 1마일을 4분 이내에 달릴 수 있었다. 그 이유가 무엇일까?

🕊️ 개인 묵상

1. 자신이 청했던 것보다 더 나은 방법으로 응답을 받은 기도

체험이 있는가?

2. 어떤 일을 할 수 있다고 상상한 다음에 그 일을 더 잘할 수 있었던 경험이 있는가?

3. 주님께서 치유해 주신 것에 진심으로 감사한다면 자신과 자신이 상처를 준 사람들에게 그 치유를 나누어 본다. '기억의 치유를 위한 마름모'(부록 237쪽 참조) 안내에 따라 일주일 또는 그 이상의 시간을 내어 천천히 작업해 본다.

9장

다른 기억들
대면하기

과거 기억의 상처 중 하나로부터 해방된다는 것은 마치 오백 달러의 빚을 탕감받는 것과 같은 경험이다. 더 많은 기억들을 그리스도께 맡겨 드리면 그리스도께서는 오백 달러뿐 아니라 오천 달러 아니 그 이상의 빚을 탕감해 주실 것이다. 그리스도께서 말씀하시는 것처럼 오천 달러를 탕감받은 사람이 아마도 오백 달러를 탕감받은 사람보다 자신의 은인을 더 많이 사랑할 것이다(루카 7,41 참조).

  그리스도께 하나의 기억을 맡겨 드린 것과 같은 방법으로 다른 고통스러운 기억들도 맡겨 드린다면 우리는 하느님과 이웃, 그리고 우리 자신을 더 완전한 방법으로 사랑할 수 있는 자유를 얻게 된다. 앞에서 언급한 대로 우리의 건강하지 않은 행동을 처음 시작한 때를 떠올려 봄으로써, 그 행동의 패턴을 의식함으로써, 그와 같은 행동 방식으로 우리를 대했던 사람들을 기억함으로써, 또는 어떤 사람, 말마디, 단체 등을 기억함으로써 우리를 손상시키는 상처 입은 기억들을 떠올릴 수 있다.

사람들에게 받은 상처를 생각하면서, '남편'은 아내와의 반목을 멈추어야 한다는 것을 깨닫고 그러기 위해서는 먼저 자기를 무시했던 어머니를 용서해야 한다는 것 또한 깨닫는다. 그는 자기 자신과 어머니가 관련된 여러 기억들을 그리스도께 맡겨 드린 후에 그의 가족, 과거의 선생님들, 친구들과 자신과 함께 살았거나 일했던 사람들이 관련된 다른 기억들에 대해서도 생각해 본다.

때로는 거부, 당황스러움, 두려움, 무시, 화, 배은망덕, 소문 등과 같은 낱말들이 우리가 아직 주님께 맡겨 드리지 못한 기억들을 떠오르게도 한다. 앞에서 예를 든 어머니의 경우에 '거부'라는 단어는 그리스도께 맡겨 드릴 많은 순간들을 기억하게 해 줄 것이며 아들에 대한 인내심은 그다음에 생겨나게 될 것이다.

사람이나 낱말이 생각나게 해 주는 기억이 별로 없으면 어떤 기관들에 대해서 생각해 본다. 우리는 군대, 교육, 경제적, 정치적, 종교 등의 체제나 기관들에 속하거나 속하지 않았다는 이유로 받은 상처의 흔적들을 가지고 있다. 아기를 유산한 것을 하느님의 벌이라고 규정했던 종교 기관을 용서한 후에야 우울증을 극복할 수 있었던 '아내'에 대하여 생각해 보자.

때때로 그리스도께서는 '남편'의 재빠른 반박, '어머니'의 조바심, '아내'의 우울증 등과 같이 구체적인 것을 우리와 함께 치유하신다. 그러나 그분은 또한 좀 더 총체적인 치유 곧 우리를 손상시키는 모든 것을 우리가 의식하기를 원하신다.

우리는 어머니의 태중에서부터 지금까지 살아오는 동안 겪은 모든 상처를 맡겨 드리는 총체적인 치유를 위한 부르심에 응답한다. 태중에서 이미 스트레스에 대한 어머니의 호르몬 반응을 공유하기 때문에 어머니의 상처와 같은 상처를 지니게 된다.

총체적인 치유는 다양한 방법으로 이루어질 수 있다. 삶을 아동기, 사춘기, 성년기 등 시기별로 나누고, 하나의 시기를 선택하여 일주일이라든지 기간을 정해 놓고 그 시기의 구체적인 기억들을 만나볼 수 있다. 예를 들어, 아동기를 먼저 보고 그다음 주에는 사춘기 그리고 마지막으로 성년기의 기억들을 살펴볼 수 있다. 이러한 일련의 과정들은 기도 중에 이루어질 수 있으며, 많은 기억들을 전부 다 표면적으로 돌아보는 것보다 그 기억들의 원인이 된 하나의 뿌리 기억을 찾아 온전히 맡겨 드리는 것이 더 중요하다. 이렇게 하려면 각각의 기억을 주님과 함께 섬세하게 살펴보고, 주님처럼 용서하고, 그 기억에 관하여 감사를 드릴 수 있을 때까지 충분한 시간을 가져야 한다. 우리의 삶을 전반적으로 모두 살펴본 후에는 다시 한 번 더 반복을 하든지 아니면 구체적인 순간들로 돌아가서 더 많은 시간을 보낼 수 있다. 기억들에 대한 치유는 점진적으로 이루어지겠지만 그 기억들을 주님의 속도로 주님의 관점에서 자세히 살펴보면 그때마다 더 깊은 치유가 일어날 것이다.

  삶을 총체적으로 살피다 보면 우리가 조금밖에 기억하지 못하는 시기들을 마주할 수도 있다. 이때에는 지금도 여전히 우리를 조종하고 있는 우리가 기억하지 못하고 있는 상처를 하느님께서 가져가시도록 청하자. 우리는 잊어버렸어도 하느님께서는 우리가 어머니 태중에서 견뎌야 했던 힘든 순간들까지도 모두 기억하고 계신다(이사

49,1; 에레 1,5; 갈라 1,15 참조). **우리가 상처를 의식하지 못할 때는 성령께서 대신 기도해 주시도록 청하자.**

> "우리는 올바른 방식으로 기도할 줄 모르지만, 성령께서 몸소 말로 다할 수 없이 탄식하시며 우리를 대신하여 간구해 주십니다. 마음속까지 살펴보시는 분께서는 이러한 성령의 생각이 무엇인지 아십니다. 성령께서 하느님의 뜻에 따라 성도들을 위하여 간구하시기 때문입니다."(로마 8,26-27)

성령께서는 우리가 상처의 역사를 이야기하도록 하면서 모든 것을 주님께 맡겨 드리도록 도와 하느님의 사랑처럼 강렬한 사랑으로 우리가 상처 입은 감정을 멈추게 하신다. 이때 우리는 더 이상 상처에 집착하지도 않고, 상처가 우리를 조정하도록 허용하지도 않는다. 오히려 우리는 많이 용서받은 여인이 그랬던 것처럼 하느님의 사랑이 우리의 원동력이 되도록 자신을 내어놓게 된다.

> "이 여자는 내 발에 향유를 부어 발라 주었다. 그러

므로 내가 너에게 말한다. 이 여자는 그 많은 죄를 용서받았다. 그래서 큰 사랑을 드러낸 것이다. 그러나 적게 용서받은 사람은 적게 사랑한다."(루카 7,46-47)

많이 용서하고 용서받음으로써 우리는 주님께서 당신과 우리의 관계를 방해하는 모든 것을 치유하시도록 맡겨 드리는 것이다.

토론을 위한 질문

1. 하나의 기억이 치유되면 이것은 또 다른 기억들의 치유에 영향을 준다. 생각나는 예가 있는가?

2. 기억은 나무의 몸통과 뿌리에 연결되어 있는 나뭇가지와 같다. 서로 연관된 기억들을 어떻게 찾아낼 수 있는가?

3. 특정 기억에 대한 구체적인 치유가 아니라 총체적인 치유를 시도하는 때는 언제인가?

4. 충분한 시간을 가지고 하나의 뿌리 기억을 철저하게 치유하는 것이 더 나은가 아니면 표면적으로라도 많은 기억을 다루는 것이 더 나은가? 그 이유는 무엇인가?

개인 묵상

1. '기억의 치유를 위한 사각형'의 안내에 따라 작업을 한다(부록 235쪽 참조). 치유가 필요한 기억을 상기시켜 주는 사람들, 기관들 또는 낱말들이 있는가? 뿌리 기억에 좀 더 가까운 기억이 있는지 '사각형' 안을 살펴보자. 뿌리 기억에서

가장 가까운 기억에서부터 치유를 시작하자.

2. 아동기, 사춘기, 성년기에 경험한 상처들의 목록을 만든다. 목록이 완성되면 1시간 정도 총체적인 치유를 위하여 기도한다. 그 상처들에서 반복되는 패턴이 보이면 뿌리 기억에 대한 구체적인 치유를 시작해 보자.

10장

기억의 치유를 위한 기도

기도한다는 것은 잠자리에서 일어나는 것과 같다. 일어나야 한다는 것을 알고 있지만 버틸 수 있는 만큼 버틴다. 커피나 베이컨 냄새를 맡거나 그날 있을 좋은 일들이 생각나면 좀 더 쉽게 일어날 수 있다. 자신을 꼼짝달싹 못하게 하는 과거의 상처를 끊고 일어나서 기억의 치유를 통하여 그리스도와 함께 새로운 날을 시작하기로 결정할 때 얻게 되는 이득이 무엇인지는 이 책의 앞부분에서 상세히 설명했다. 이제 한 단계씩 실천하는 일만 남았다.

기억의 치유를 위하여 어떻게 기도할 것인가? 다음은 직장에서 인내심을 가질 수 없었고 진심으로 즐겁게 일할 수 없었던 한 아버지의 기도이다.*17

---

*17 각 단락에 붙여진 숫자는 이 단락에서 부연하는 내용을 담고 있는 장章을 가리킨다.

1-2장 "주 예수님, 저를 치유해 주시고자 저의 삶에 개입해 주셔서 감사합니다. 치유를 위해 당신께 저의 시간을 드립니다. 미래에는 더 깊이 당신께 속할 수 있도록 특히 아직도 저를 조종하고 있는 과거의 상처들을 치유해 주시기를 청합니다."

"주 예수님, 당신이 치유해 주시기를 원하실 때마다 제가 그 치유를 받아들일 수 있도록, 제가 저의 과거를 돌아보며 당신 가까이에서 걸어갈 수 있도록 도와주십시오. 당신께서는 제가 저를 사랑하는 것보다 훨씬 더 저를 사랑하시기에, 설령 제가 당신 치유의 손길을 바로 알아차리지 못할지라도 당신의 무한한 능력으로 저를 다시 만드시고 치유해 주시리라 믿습니다. 치유를 청하는 모든 사람을 치유해 주셨듯이 저도 치유해 주시기를 원하시는 주님, 감사합니다."

3장 "주님, 저는 제 과거를 돌아보면서 당신이 저를 어떻게 사랑하셨는지 깨달았습니다. 특히 제가 그림 그리기와 글쓰기에 대한 재능을 인정하도록 도와주었던 고등학교 2학년 때의 선생님께 감사합니다. 또한 이러한 재능을 제 자녀들에게도 전해 줄 수 있어서 감사합니다. 저는 제 자녀들과 훨씬 더 가까워진 것을 느낍니다. 이 모든 관계 속에서 당신께서 이루어 주신 치유에 대하여 진심으로 감사합니다. 그리고 특별히 지난 몇 주간처럼 당신께서 어떻게 저를 축복해 주시고 치유해 주셨는지 앞으로도 깨달을 수 있도록 당신과 함께 계속 걷기를 원합니다. 이제 잠시 머물러 당신께서 저에게 주신 선물이 무엇인지 보여 주신 것에 대하여 감사드리고자 합니다."

4장 "그렇습니다, 주님, 당신께서는 여러 방법으로 저를 낫게 해 주셨고, 저는 이 치유를 당신께서 이보다 훨씬 더 많은 일을 저에게서 이루시기를 원하신다는 표지로 받아들입니다. 제 안에서 무엇을 치유하기를 원하십니까? 그것을 저에게 보여 주십시오. 저는 이것이 단지 저의 자기도취적인 소망이 아니기를 바랍니다. 제가 지난 몇 주간을 마음으로 다시 천천히 걸어 보는 동안 제가 언제 어떻게 당신의 현존을 방해했는지 말씀해 주십시오. 당신은 무엇을 보고 계십니까?"

"그렇게 당신과 함께 걷는 중에, 제가 인내심을 잃었을 때 당신은 가장 불편해 보였습니다. 네, 그때 저는 당신 현존의 표지인 평화와 기쁨과 의탁하는 마음을 잃었던 것 같습니다. 그리고 추측컨대 이런 일이 일어난 곳은 대부분 사무실이었습니다. 특히 일이 산더미처럼 쌓여 있을 때 저는 '아니요'라고 말할 수 없었습니다. 그렇지 않은가요? 무엇인가 열심히 일해서 저를 증명해야 한다고 압박하고 있었습니다. 누구에게 증명하느냐고요? 아마도 저 자신과 친구들이겠지요. 어쩌면 심지어 당신께도 그랬던 것 같습니다."

"주님, 그것은 정말 비극입니다. 저는 당신의 사랑을 애써 얻어야 하고, 당신께 저 자신을 증명해 보여야 하고, 무엇인가를 이루어 내야 한다고 생각하기 시작했습니다. 스스로를 증명하려고 애쓰는 저의 행동들은 사랑이 아니라 두려움에 근거한 것이기에 저 자신이나 직장 동료들도 당신을 사랑으로 느끼는 것을 더 어렵게 합니다."

"주님, 저는 당신의 사랑으로 서로를 사랑하는 것을 어렵게 만듭니다. 직장에서 제가 화를 내면 그 화는 제 주변에 있는 모든 사람들에게 영향을 미쳐서 그들을 긴장하게 만들고, 결국 그들이 일을 마치고 집에 돌아가서도 가족을 잘 돌볼 수 없게 만듭니다."

"그러므로 주님, 저는 어떤 대가를 치르더라도 저의 이런 모습이 치유되기를 원합니다. 그 대가가 승진을 못하는 것이라도, 사람들이 저를 게으른 사람이라고 생각하게 되더라도 저는 제 자신을 증명하기 위해서 일하는 이런 성향이 치유되기를 원합니다."

"이미 제 삶의 여러 영역에서 이러한 치유를 시작하신 주님, 감사합니다. 이미 저는 제 아이들이 집 주변에서 소란스럽게 장난을 칠 때에도 전보다 훨씬 관대한 제 모습을 봅니다. 뿐만 아니라 아이들과 함께 있는 것을 즐기기까지 합니다. 며칠 전 밤에는 아이들과 그림을 그리기도 했습니다. 어찌된 일인지 아이들과 함께 있을 때는 자신을 증명하고자 하는 강한 욕구를 느끼지 않습니다. 이 치유를 계속해 주시어 다른 관계들 특히 주님과, 직장 동료들과의 관계에서도 치유가 일어나게 해 주십시오. 저는 아이들과 함께 있을 때보다 당신과 함께 있을 때 더 즐겁기를 원합니다. 그렇습니다. 제가 원하는 것은 당신과 편안히 함께 있는 것입니다."

5장 "주님, 당신은 과거를 꿰뚫어 보실 수 있습니다. 스스로를 증명하려는 제 욕구의 뿌리에는 무엇이 있습니까? 그것은 언제 시작되었습니까? 그것은 참으로 오랫동안 저와 함께 있었던 것 같습니다. 잠시 멈추어서 함께 지난 세월을 살펴보고 싶습니다. 당신과 함께 과거를 돌아보니, 제가 결혼 생활, 고등학교 과외 활동 시간, 초등학교 수업 시간 중에, 그리고 처음으로 집을 사서 친구들을 초대했을 때 저 자신을 증명하려는 모습이 보입니다. 여기에 어떤 패턴이 있을까요? 저는 특히 제 자신을 믿지 못할 때나 다른 사람들이 저를 믿지 못할 때 그렇게 하는 것 같습니다. 부모님, 친구들, 동료들이 저를 동전 두 닢의 값어치도 없다고 느끼게 했던 그 모든 순간을 주님, 당신께 바칩니다. 그 순간들을 방문하시어 그때 입은 상처를 거두어 가시고, 그 자리에 당신의 사랑을 쏟아부어 주십시오."

"당신께서 특별히 치유하고자 하시는 때가 있습니까? 아직도 피가 나고 아물지 않은 상처가 있습니까? 주님, 저에게 가장 고통스러운 기억은 아버지가 저를 무시하고 계속 신문을 볼 때였습니다. 치유를 받아야 할 모든 감정을 당신께 맡겨 드릴 수 있도록 당신과 함께 그때로 돌아가 그 모든 것을 다시 경험하게 도와주십시오. 아버지는 일을 마치고 집에 돌아오자마자 늘 앉으시는 커다란 빨간 의자에 털썩 주저앉아 신문을 집어 드시면서 좀 조용히 쉬고 싶으니 우리더러 나가 놀라고 하셨습니다. 저는 조용히 있을 것이라고 말합니다. 하지만 잠시 후에 시끄러운 소리를 내게 되고, 아버지는 어느 때보다 큰소리로 말합니다. '더 이상 못 참아. 이제 나가거라. 마지막 경고다.' 이 말이 저를 무섭게 했고, 아버지는 더 이상 같은 요구를 할 필요가 없었습니다."

"저는 신문을 갈기갈기 찢고 싶었고 한 번은 숨기기도 했습니다. 아버지는 특히 저에게만 항상 소리를 지르셨기 때문에 저도 '왜 나한테만 소리를 지르느냐'고 맞받아치고 싶었습니다. 제가 울었던 이유는 항상 저만 야단을 맞았기 때문입니다. 아마도 그때부터 저는 부모님과 다른 많은 사람들에게 제가 그들이 생각하는 것보다 나은 사람이라는 것을 증명하려고 애썼던 것 같습니다. 주님, 잠시 멈추어 제가 그때 느꼈던 모든 것 그리고 지금까지 저에게 남아 있는 모든 것을 당신께 맡겨 드릴 수 있도록 저를 도와주십시오. 주님, 마음이 아픕니다. 그 당시 저에게 필요했던 아버지의 모습으로 당신께서 저를 어루만져 주시고 저에게 말씀해 주십시오."

6장 "네, 주님께서는 모든 것을 당신 손 안에 가지고 계십니다. 제가 당신과 함께 그 장면으로 들어가서 당신께서 무엇을 하시는지 보도록 도와주십시오. 당신은 저와 저의 아버지에게 미소를 지으시는 것 같습니다. 아버지에게서 제가 보지 못하는 무엇인가를 당신은 보고 계시는 것이지요? 아버지가 그와 같이 행동한 이유는 무엇인가요? 아마도 그 이유는 제가 저 자신을 증명하려한 이유와 별반 다르지 않을 것이라고 생각합니다. 아마도 할아버지가 아버지를 무시했을 것이고, 사무실에서도 정말 힘든 시간을 보내셨을 것입니다. 생각해 보니 아버지는 에어컨이 없는 사무실에서 하루에 10시간씩 일하셨고 건강 또한 썩 좋지 않으셨습니다. 아버지는 가족을 위해서 정말 힘겹게 일하셨습니다. 주님, 이제 잠시 멈추어서 당신이 아버지에게서 보시는 선함과 그를 압박하는 것들이 무엇인지 제가 볼 수 있도록 도와주십시오."

"주님, 당신께서 아버지에게 무엇이라고 말씀하시는지 제가 잘 보고 이해할 수 있게 해 주십시오. 당신은 그를 되찾은 아들처럼 대하시는 것 같습니다. 곧 당신이 하실 수 있는 한 완전히, 기꺼이, 그리고 그가 변화하든 그렇지 않든 상관없이 무조건 사랑해 주시는 듯합니다. 당신은 그의 약점을 어떤 대가를 치르더라도, 다시 말해서 그를 위해 죽기까지 해서라도 치유해 주어야 하는 표지로, 그가 더 많은 돌봄과 사랑을 필요로 한다는 표지로만 보십니다. 주님, 저는 아직 그렇게 할 수 없습니다. 제가 용서를 받았던 순간들 또는 용서를 했던 순간들을 의식할 수 있도록 도와주십시오. 그것이 어떤 느낌이었는지 의식하고, 잠시 머물러 당신과 함께 그를 어루만지고 당신이 그에게 들려주고 싶은 이야기를 제가 할 수 있도록 도와주십시오. 그리고 제가 말할 수 없는 것은 주님, 저를 위해서 대신 말씀해 주십시오."

7장 "주님, 감사합니다. 저 혼자서는 아버지를 결코 용서할 수 없었을 것입니다. 저의 자만심 때문에 제가 보거나 깨닫지 못해도 용서를 통해 더 깊은 치유와 성장이 온다고 믿습니다. 이집트에서의 요셉과 되찾은 아들에게서처럼 성장은 상처를 받음과 동시에 시작되기도 합니다."

"주님, 이제는 제가 상처로 인해 성장하게 된 것을 당신께 감사할 수 있게 하십시오. 저를 참된 저 자신과 다른 사람들에게 그리고 당신께 더 가까이 부르시기 위하여 저의 상처를 어떻게 이용하셨는지요? 제 생각에 저는 아버지에게 무시당했기 때문에 어머니와 더 가까워졌고 아버지를 기쁘게 해 드리기 위해서 더 열심히 노력했습니다. 저의 이러한 모습은 아버지에게 조금은 죄책감을 느끼게 한 것 같고 그래서 훗날 아버지는 저와 가까워지려고 많이 노력하신 것 같습니다. 처음에는 새로운 친구들을 통해서 그리고 나중에는 기도를 통해서 당신의 위로와 격려를 받았음에 대해서도 감사합니다. 저는 무시당한 경험이 있었기 때문에 제가 아이들을 무시하는지 늘 조심합니다. 그리고 저 자신을 증명하기 위해 노력하면서 발달시킨 재능들에 대해서도 감사합니다. 특별히 그림을 그리고 글을 쓰는 재능을 주신 것에 감사합니다. 그림과 글은 제가 '나는 괜찮다.'고 말하는 구체적인 방법이었습니다. 그리고 저의 아이들과 함께 그림과 글을 함께 나눔을 통해 그들에게도 당신이 어떻게 재능을 주셨는지 볼 수 있게 해 주셨습니다. 주님, 이제 잠시 멈추어 이 상처를 통해서 당신께서 저에게 주신 다른 선물들도 기억할 수 있도록 도와주십시오. 당신이 아니었으면 결코 보지 못했을 모든 것들에 대해서도 감사합니다."

8장 "주님, 청하지도 않았는데 당신께서는 이미 많은 치유를 해 주셨습니다. 상처는 가져가셨고 사랑은 채워 놓으셨으니 이제 미래에는 무엇을 하시겠습니까? 당신께서 과거에 어떻게 저의 아버지를 사랑하셨는지 조금은 이해할 수 있습니다. 앞으로 제가 사람들을 어떻게 사랑하기를 원하시는지요? 예를 들어, 저의 상관을 어떻게 사랑해야 합니까? 당신께서 하시는 것을 잘 보고 저도 그렇게 할 수 있기를 청합니다."

"주님, 미래에 당신께서 어떻게 저와 함께 걸어 주실지 조금은 알 것 같습니다. 미래에도 여전히 제 사무실 책상에는 서류가 잔뜩 쌓여 있는 모습이겠지만 제 자신을 증명하기 위해 이를 악물고 일하게 만들었던 압박감은 더 이상 느끼지 않을 것입니다. 저는 상사에게 미소를 지을 수도 있고 심지어 그에게서 서류를 한 뭉치 더 받아 올 수도 있을 것 같습니다. 주님, 당신 같으면 서류 한 뭉치를 더 받으시겠습니까 아니면 이미 다른 일을 하고 있다는 것을 보여 주고 어느 것을 먼저 할지 상사에게 물어보시겠습니까? 제 생각에 당신은 그에게 현실을 알려 줄 것 같습니다. 다시 말해서 제가 해야 할 일은 이미 네 사람 이상이 해야 할 몫이고 그 일을 할 사람은 저 혼자밖에 없다는 것을 당신은 상사에게 알려 줄 것 같습니다. 결국 문제는 제가 이미 얼마나 많은 일을 하고 있는지 그에게 한 번도 이야기해 본 적이 없다는 것입니다. 저의 상황을 상사에게 말하는 것을 상상해 보니 그가 이해하는 것처럼 보입니다. 당신께서 함께하실 것이기 때문에 아마도 모든 일이 잘될 것입니다. 당신께서 상사에게 하실 말씀을 제가 할 수 있도록 도와주십시오. 그리고 과도하게 일을 떠맡아 불만으로 가득 찰 때까지 말없이 더 많은 일을 떠맡는 것으로 저의 가치를 증명하는, 역설적이지만, 쉬운 길을 택하지 않도록 도와주십시오. 잠시 멈춰 당신께서 어떻게 사무실에서 하루를 보내시는지 제가 볼 수 있게 해 주십시오. 일을 다 마치고 집에 가는 것만 생각하지 않고 동료들과 즐겁게 어울리고 즐겁게 일하면서 하루를 보내시는 당신의 모습을 제가 잘 볼 수 있도록 도와주십시오."

9장 "주님, 당신은 한 가지 상황만으로도 참 많은 일을 하실 수 있으십니다. 하지만 저희는 이제 막 시작했을 따름입니다. 당신은 치유하시는 힘으로 제 삶을 온전히 어루만져 주십니다. 그러니 당신의 치유가 필요한 다른 고통스러운 기억들도 제가 계속 생각할 수 있게 해 주십시오. 개인적이든 제도적이든 저에게 상처를 준 사람들은 누가 더 있을까요? 제가 기억하고 싶어 하지 않지만 당신 생각에 제가 기억해야 하는 고통스러운 말들은 어떤 말인가요? 누가 저에게 상처를 주었기에 저는 오늘도 당신께 상처를 드리는 걸까요? 이미 당신은 이 기도 중에 몇몇 사람을 제 마음속으로 불러들이셨습니다. 결혼 생활에서, 고등학교 과외 활동에서, 초등학교 학급에서 일어났던 일 등 몇 가지 기억들을 제 마음속에 떠올려 주셨습니다. 이외에도 기억해야 할 다른 일들이 있는지요? 어떤 상처가 가장 깊고 어떤 상처를 가장 먼저 치유해야 하나요? 그들과 저 자신을 용서하고 치유하는 이 기도를 할 수 있도록 또 다른 고통스러운 기억들도 떠오르게 해 주십시오. 주님, 치유되어야 할 새로운 영역을 열어 주는 오늘의 치유에 감사드립니다."

11장

기억의 치유가
일어나지 않을 때

이 책을 집필한 후 우리는 10년 동안 알래스카에서 뉴질랜드에 이르기까지 많은 사람들이 가장 고통스러운 기억들을 용서하도록 도왔다. 어떤 때는 치유적인 용서가 하룻밤 사이에도 일어났고 어떤 때는 여러 달이 걸리기도 했다. 무엇이 이러한 차이를 만들었을까? 일반적으로 상처가 깊을수록 용서하는 데 시간이 오래 걸린다. 그러나 경솔한 말 몇 마디를 용서하기 위해서 여러 주 동안 자신의 의지를 총동원해야 할 정도로 애를 쓰는 사람들도 있고, 깊은 상처임에도 하룻밤 사이에 치유가 되는 사람들도 있었다. 용서는 의지의 힘이 아니라 성령의 힘으로 일어난다. 2000년 전에 성령께서는 문을 잠그고 이층 방에 숨어 있던 상처 입은 사도들을 치유하시어, 하룻밤 사이에 그들이 두려워했던 사람들에게 설교를 할 수 있도록 변화시키셨다. 예수님께서는 오늘날에도 바로 그 용서하시는 성령을 우리 안에 불어넣어 주시기를 원하신다.

> "'평화가 너희와 함께! 아버지께서 나를 보내신 것처럼 나도 너희를 보낸다.' 이렇게 이르시고 나서 그들에게 숨을 불어넣으며 말씀하셨다. '성령을 받아라. 너희가 누구의 죄든지 용서해 주면 그가 용서를 받을 것이고, 그대로 두면 그대로 남아 있을 것이다.'"(요한 20,21-23)

예수님께서는 용서하라는 당신의 사명을 받아들이면 평화가 올 것이라고 약속하신다. 또한 예수님께서는 우리를 고통스럽게 하는 모든 죄를 용서할 수 있도록 성령께서 힘이 되어 주실 것이라고 약속하신다.

우리는 성령께서 우리를 고통스럽게 하는 가장 큰 죄인 살인까지도 용서할 수 있도록 힘이 되어 주시는 것을 보았다. 아프리카에서 만난 사라의 용서는 우리를 감동시켰다. 사라는 게릴라 부대가 점령한 마을에 살고 있던 흑인 여성이었는데, 이웃 사람이 그녀의 남편을 정부를 지지하는 사람이라고 신고했고, 사라는 남편과 함께 감옥으로 끌려갔다. 게릴라는 사라에게 남편을 고문하는 데 동참하도록 강요하면서 사라가 보는 앞에서 곡물을 타작하는 방망이로 남편을 매질하였다. 사라가 멈추라고 비명을 지르자 그들은 그녀에게 계속 지켜보든지 아니면 직접 남편을 때리든지 선택을 하라고 하였다. 사라는 자신의 힘이 훨씬 약하다는 것을 알고 있었기 때문에 자기가 때리겠다고 했고 힘을 주지 않고 때리기 시작했다. 하지만 사라가 제대로 때리지 않을 때마다 그들은 자신들이 때리겠다고 위협했고 방망이를 집어 들고 직접 남편을 내리쳤다. 결국 사라는 그들이 요구하는 대로 고통 속에 울부짖는 남편을 맹렬히 때리기 시작했다.

그런 다음 게릴라들은 남편의 엉덩이에서 살점을 베어 내어 "이것을 먹지 않으면 남편을 죽이겠다."고 했다. 사라는 그들이 이미 많은 사람을 죽였고 그 말이 허언이 아니라는 것을 알고 있었기에 그들이 시키는 대로 먹으려고 했으나 목이 막히고 토할 것 같아서 삼킬 수가 없었다. 그러자 그들은 사라의 눈앞에서 남편을 죽였다. "너는 우리가 어떻게 네 남편을 죽였는지 보았다. 이제 네가 이 칼로 남편을 토막 내지 않으면 너의 마을로 가서 네 남편을 도와준 남편의 친구들을 다 죽일 것이다. 네가 이 칼을 죽은 네 남편에게 사용할 것인지 아니면 우리가 이 칼을 그의 친구들을 다 죽이는 데 사용할 것인지는 너의 선택에 달려 있다."고 말했다. 남편의 친구들을 구하기 위해 사라는 남편의 시신을 토막 내기 시작했다. 사랑했던 남편의 시신을 칼로 베면서 사라는 정신적으로 완전히 파괴되었다. 그들은 그렇게 된 사라를 돌봐 주기는커녕 무방비 상태로 풀어 주어 야생 동물처럼 떠돌게 만들었다.

  누군가 이곳저곳을 떠돌던 사라를 발견하여 기아 난민 캠프로 데려왔다. 사라는 악몽과 공포에 사로잡혀 있었고, 말을 하려고도 무엇을 먹으려고도 하지 않았다. 난민들을 돕던 사람들은 사라와 다른 난민들이 안고 있는 모든 고통을 다 쏟아 낼 수 있도록 그들을 우리에게 보냈다. 사라는 다른 난민들의 울부짖음을 들었고 그들과 함께 그녀 또한 울부짖었다. 그렇게 사라는 그들과 함께 울고 함께 소리를 지르며 하루를 보냈다. 그들은 다음 날 또 다른 난민들과 함께 자신들의 고통스러운 기억들을 나누었다. 사라는 다른 난민들이 경험한 고문에 대하여 듣고 나서 마침내 그들이 자기를 이해해 줄 것이라는 확신을 갖게 되었고 자신의 이야기를 처음으로 나눌 수 있었다. 사라는 자신이 남편을 죽을 때까지 고문한 것에 대하여 자기 자신을 얼마나 경멸하는지에 대해서도 이야기했다.

자신들도 난민이었던 그룹의 지도자들은 사라를 안아 주면서 이렇게 말하였다. "당신이 그 모든 것을 한 이유는 당신이 남편과 그의 친구들을 사랑했기 때문입니다. 당신은 눈앞의 폭력으로부터 사람들을 보호할 생각밖에 없었습니다. 당신은 당신 남편과 예수님께서 당신을 용서하신 것처럼 당신 자신을 용서해야 합니다. 그리고 남편의 죽음에 대한 복수 때문에 더 많은 사람들이 죽기 전에 당신 마을의 그 밀고자를 예수님과 함께 용서해야 합니다. 당신은 폭력을 멈추게 하려고 남편을 칼로 베었습니다. 하지만 용서만이 폭력을 멈추게 할 수 있습니다. 사라 자매님, 예수님만큼 당신도 용서할 수 있도록 도와달라고 우리가 예수님께 기도해도 될까요?"

이러한 도전의 말을 듣고 사라는 마치 칼에 찔린 것처

럼 비명을 질렀다. 마침내 사라는 폭력을 멈추기 위해서 자신이 할 수 있는 모든 것을 해 보았으며, 지금 복수에 매달리는 것으로는 폭력을 멈추게 할 수 없다는 진실을 보았다. 사라는 울었고 마침내 고개를 끄덕였다. 이 단계에 이르러서야 그룹 지도자들은 우리가 용서할 수 없을 때에 예수님께서 우리가 용서할 수 있도록 도와주신다는 성경의 약속을 들려주었다. 성경의 약속들 중에서도 강도를 만나서 가진 것을 모두 빼앗긴 사람들에게 하신 예수님의 말씀을 들려주었다.

"내 말을 듣고 있는 너희에게 내가 말한다. 너희는 원수를 사랑하여라. 너희를 미워하는 자들에게 잘해 주고, 너희를 저주하는 자들에게 축복하며, 너희를 학대하는 자들을 위하여 기도하여라. 네 뺨을 때리는 자에게 다른 뺨을 내밀고, 네 겉옷을 가져가는 자는 속옷도 가져가게 내버려 두어라."(루카 6,27-29)

그리고 그룹 지도자들은 그들이 자신들을 고문한 사람들을 용서할 수 있도록 예수님께서 어떻게 당신의 용서의 네 단계(사랑하고, 선을 행하고, 축복을 하고, 기도를 하라)를 실행할 수 있도록 도와주셨는지 사라에게 말했다.

마지막으로 그들이 질문을 했다. "사라 자매님, 예수님께서 우리를 도와주셨던 것처럼 당신도 도와주시도록 우리가 기도해도 될까요?" 사라는 고개를 끄덕이면서 움켜쥐고 있던 주먹을 폈다. 그들은 사라 안에 계시는 예수님께서 그녀와 함께해 주시고, 그녀가 아직 용서할 수 없는 것을 예수님께서 용서해 주시도록 간구했다. 그들은 예수님께서 사라가 원수를 '사랑하고, 선을 행하고, 축복을 하고, 기도할 수 있도록' 도와 달라고 청했다. 그리고 사라에게 "아버지, 저들을 용서해 주십시오. 저들은 자기들이 무슨 일을 하는지 모릅니다."라는 기도를 가르쳐 주고 기도가 더 깊어지도록 예수님과 함께 반복하게 했다. 사라는 매질과 남편의 비명 소리를 기억하고 있었기 때문에 처음 그 말을 했을 때는 공허하게 들렸다. 그러나 다음 순간 또 다른 방망이가 예수님의 손을 내리쳐 손톱이 예수님의 손을 파고드는 것을 보았고, 그때 사라가 들을 수 있는 소리는 오직 예수님의 용서의 외침뿐이었다. 사라는 남편이 고통 속에 지른 비명이 얼마나 깊은 곳에서 나온 것인지 알고 있었기 때문에, 예수님의 비명과 용서의 외침이 얼마나 깊은 것인지, 얼마나 깊은 곳에서부터 울려 나오는 것인지 잘 알 수 있었다. 그래서 사라는 자신의 외침이 그분의 외침처럼 용서를 위한 더 깊은 번민의 외침으로 변화되도록 도움을 청했다. 용서는 사라의 정신적 결정으로 시작되었지만 이제 자신의 심장의 고통이 용서를 갈구하는 비명을 지르고 있었다. 그다음 주에 사라는 남편의 장례식을 위하여 마을로 돌아갔고 장례식에서 남편을 밀고한 이웃을 공적으로 용서했다. 마을 전체가 사라와 함께 울었고 함께 용서했다. 오늘날까지 그 마을은 사라와 함께 돌아온 평화를 누리고 있다.

용서의
네 단계

어떻게 이렇게 많은 일이 일어날 수 있었을까? 그것은 사라가 자신이 용서할 수 없는 것을 용서하시는 성령의 힘과 난민들이 알려 준 용서의 네 단계를 실천할 수 있게 해 주시는 성령의 힘에 의존했기 때문이라고 믿는다. 상처 입은 사람들이 예수님과 함께 그들의 원수를 **사랑하고**, 원수를 위하여 **선을 행하며**, 원수를 **축복하고**, 원수를 위해 **기도할 때**마다 용서의 선물을 거의 항상 받는다. 그러나 용서의 선물은 때로는 즉시, 때로는 서서히 받는다. 용서는 하룻밤 사이에 달라지지 않을 상대방에 대한 더 깊은 연민을 갖게 한다.

첫 번째 단계는 원수를 **사랑하는 것**이다. 사랑은 따뜻한 감정으로 시작되는 것이 아니라, 용서를 해야겠다고 마음먹기도 전에, 용서를 받기 위해 힘겹게 노력하기도 전에, 용서해 달라는 요청을 받기도 전에, 예수님과 함께 용서하겠다는 단순한 선택으로 시작한다. 못이 손을 관통할 때 고통을 느끼셨지만 예수님께서 고통의 비명보다 더 크게 외치신 것은 "아버지, 저들을 용서해 주십시오. 저들은 자기들이 무슨 일을 하는지 모릅니다."(루카 23,24)였다. 예수님께서는 그들이 당신을 고문하고 하느님 아버지를 모욕한 죄를 미워하셨지만 아버지와 함께 죄인을 용서하기로 하셨다. 예수님께서는 상대방이 먼저 용서를 청해야 한다든가, 합당한 고통을 겪어야 한다든가, 다시는 그런 일을 하지 않겠다고 말한다든가, 자신의 태도를 바꾸겠다고 한다는 등의 조건 없이, 다시 말해서 '그들이 ~한다면 그들을 용서하겠다.'고 말씀하지 않으시고 먼저 용서하신다. 용서는 용서받기 위해 노력하거나 용서받을 만해서가 아니라 단지 상처를 준 사람과 받은 사람이 둘 다 치유될 필요가 있기 때문에 조건 없이 주어지는 것이다. 중국인들은 원수를 조건 없이 사랑해야 한다는 것을 "복수를 하려는 사람은 두 개의 무덤을 파야 한다."라는 속담을 통하여 표현한다.

예수님께서 **원수**를 사랑하라고 하신 말씀을 주의 깊게 살펴보자. 우리의 원수가 어떤 상처 때문에 우리를 괴롭히게 되었는지 그 상처를 깊이 이해하지 못한 채 너무 빨리 용서하려고 하면, 우리는 자신의 화를 삼켜 버리게 되고 따라서 용서해야 할 것이 무엇인지, 얼마나 깊이 용서해야 하는지 제대로 알지 못하게 된다. 더욱이 삼켜 버리고 묻어 버린 화로 인해 우리는 상대방을 원수로 대할 것이고, 그에게 결코 가까이 다가가지 못하며 사랑도 느낄 수 없을 것이다. 다른 감정들의 경우도 마찬가지인데

화와 미움의 감정들이 우리 안에 갇혀 있는 한 우리 안에 있는 사랑의 감정과 용서의 힘도 또한 갇혀 있을 것이다.[*18] 사라는 자기를 아끼는 사람들과 함께 분노를 소리쳐 내보내면서 자신의 화의 깊이를 먼저 체험했기 때문에 사랑하고 용서할 수 있었다. 감정의 깊이와 용서해야 할 것이 무엇인지 분명히 알고 난 후에 사라는 마을로 돌아와서 공적으로 남편을 밀고한 사람을 용서했다. 그것은 죄인에 대한 사랑의 표현이었다. 때로 우리는 예수님의 사랑과 용서의 선물에 앞서 화라는 선물을 청할 필요가 있다.

사랑하고 용서하기로 결정한 후에 따라오는 용서의 두 번째 단계는 우리를 미워하는 사람들에게 **선을 행하는 것**이다. 이는 다른 쪽 뺨을 내주고, 겉옷과 외투를 벗어 주고, 되찾으려 하지 않고 내어 주는 것이다(루카 6,29 참조). 왜 행동을 강조하는가? 첫째, 행동은 말보다 반향이 더 크기 때문이다. 사람들은 예수님께서 용서하신다고 말씀

[*18] Conrad Baars, *Feeling and Healing Your Emotions*, Bridge, Plainfield, 1979, pp.191. 미숙한 용서의 위험.

하셨기 때문이 아니라, 용서할 줄 모르는 바리사이들에게 스캔들이 되는 행동이었음에도 불구하고, 세리들이나 죄인들과 함께 식사를 하셨기 때문에 그분이 용서하시는 분이라는 것을 알았다. 선을 행한다는 것은 예수님처럼 행동으로 죄인을 사랑하려고 노력한다는 것을 의미한다. 예수님께서 용서할 줄 모르는 바리사이들의 위선에 먼저 대응하신 것처럼 어쩌면 우리도 먼저 죄를 미워해야 할 것이다. 그러나 궁극적으로 **선을 행한다는 것**은 예수님께서 바로 그 위선적인 바리사이들과 함께 먹고 마신 것처럼(루카 11,37-53 참조) 죄인을 사랑으로 대한다는 것을 의미한다. 때로 용서하는 것이 어려울 수 있는데 이것은 우리가 예수님과 함께 죄를 미워하는 시간을 갖기 전에 그와 함께 먹고 마시려 하기 때문이다. 둘째, 사랑의 행동은 우리의 마음을 변화시킨다. 고해성사를 줄 때 나는 종종 보속으로 "당신에게 상처를 준 사람이나 그 사람과 비슷한 사람을 위하여 사랑과 보살피는 마음으로 좋은 일을 해 주십시오."라고 말한다. 다음번에 고해성사를 보러 온 그들은 자신들이 어떤 편지를 어떻게 썼고, 불의한 상황을 어떻게 바로잡았으며, 어떻게 식사를 준비했는지

뿐만 아니라 그들의 마음이 어떻게 치유되기 시작했는지도 이야기한다.

상처 입은 마음을 가진 채 상처를 준 사람을 용서하도록 돕는 예수님의 용서의 세 번째 단계는 우리를 함부로 대한 사람들을 **축복하는 것**to bless이다. 'bless'는 라틴어로 'benedicere'(bene - 잘 / 좋은, dicere - 말하다)인데 이것은 글자 그대로 "좋은 것을 말하다"라는 뜻이다. 우리는 변함없이 죄를 싫어하고 필요한 곳에서는 악을 지적하기도 해야 한다. 하지만 우리는 또한 선을 보도록 부르심을 받았다. '좋은 것을 말하는 것'은 우리 자신뿐 아니라 상대방도 변하게 한다. 나는 초등학교 1학년 때 만난 선생님을 기억한다. 그 선생님은 월요일마다 각자 학급 친구들 중 한 사람의 이름을 적게 했고, 그 주 내내 그 친구가 하는 좋은 일들을 관찰하도록 한 후, 금요일에는 각자가 관찰한 친구의 선행을 발표하는 시간을 가졌다. 다른 사람의 인정과 칭찬은 그들의 좋은 자질을 더 발전시켰고 상대방의 선을 발견하는 것은 곧 친구를 발견하는 것으로 이어졌다. 그 선생님이 '축복'이라고 명명했던 '주간 격려 프로그램'을 시작하기 전에는 아이들을 가르치는 데 있어서 많은 어려움이 있었지만 그 후에는 그러한 어려움을 거의 찾아볼 수 없게 되었다.

'축복한다는 것'은 다른 사람 안에서 선을 발견하려고 애쓰는 것이며 또한 우리를 화로 반응하게 하는 가정들이 있는지, 있다면 어떤 것들인지 찾아내려고 애쓰는 것을 의미한다. 우리가 어떤 상황에 대하여 어떤 가정을 하느냐에 따라 다른 반응과 다른 행동을 하게 되기 때문이다. 예를 들어, 뒤에서 누군가가 나를 밀었을 때 그 사람이 나를 존중하지 않았다고 가정한다면 나는 화를 내며 반응하게 된다. 그러나 같은 상황에서, 내 뒤에 하얀 지팡이를 짚고 더듬거리고 있는 시각 장애인이 서 있다는 사실을 알게 되면 나는 연민을 느낄 것이다. 뉴욕시는 화난 버스 운전기사들을 위한 프로그램에서 그들에게 승객들에 대한 영상을 보여 주었다. 그 영상은 술에 취한 것처럼 보이는 승객이 실제로는 간질병을 앓고 있을 수도, 너무 지나친 요구를 하는 승객이 정신적인 문제가 있는 사람일 수도 있다는 것을 보여 주었다. 이 교육을 통해 많은 운전기사들이 승객이 벨을 크게 다섯 번씩이나 누르면 '어딘가 아픈 것이 틀림없어.'라고 생각하게 되었고, 따라서 화 대신 연민을 느끼게 되었다.[*19] 다른 사람이 나를 화나게 만드는 것이 아니라 내 가정이 그렇게 한다. 상대방이 나쁜 의도를 가지고 괴롭힌다는 가정을 그가 선을 추구한다는 가정으로 대체함으로써 우리는 화를 연민의 감정으로 바꿀 수 있다. 우리의 가정이 우리 자신을 괴롭힐 때도 있다. 예를 들어, 'F'(낙제점)가 매겨진 시험지를 돌려받았을 때 화를 내면서 '나는 구제 불능 실패자야. 절대 졸업을 못할 거야.'라고 생각할 수도 있고, '다음 시험에 대비해서 정말 열심히 공부한다면 쉽게 더 좋은 점수를 받을 수 있어.'라고 마음먹을 수도 있다. 차이점은 첫 번째 가정에서는 화가 자기 자신을 향해 있고, 두 번째 가정에서는 화가 수정되어야 할 행동, 실패의 원인이 된 행동에 집중되어 있다는 것이다. 죄와 악은 미워하지만 그것을 행한 사람은 그가 타인이든 나 자신이든 사랑하고 축복해야 한다.

상대방을 축복하는 세 번째 단계 다음에 따라오는 네 번째 단계는 우리를 핍박한 사람들을 위해서 **기도하는**

[*19] Carol Travis, "Anger Defused", *Psychology Today*, Nov. 1982, p.35.

것이다. 이 기도의 단계는 다른 단계들 이상으로 우리의 마음을 예수님의 마음으로 변화시키는 힘이 있다. 용서는 용서한다는 결정으로 시작할 수 있으나 우리가 예수님의 마음으로 용서할 때까지는 아직 불완전하다. 자비를 뜻하는 유다인들의 말 'chesedh'는 "상대방의 눈으로 보고, 상대방의 마음으로 생각하고, 상대방의 감정으로 느낄 정도로 상대방 속으로 깊이 들어가 바르게 이해하는 능력"을 의미한다.[20] 다른 사람을 용서하기 위해 기도하는 동안에 자주 우리는 그 사람이 되어 볼 수 있도록, 그가 다른 사람들에게 상처를 주도록 이끈 그의 상처와 두려움을 느낄 수 있게 될 때까지 예수님께 도움을 청한다. 이렇게 우리는 '원수의 신발을 신어 봄으로써' 그를 이해하게 되고, 그에게 필요한 것을 예수님께 말씀드리고, 그를 치유해 주시는 예수님의 마음을 느낄 수 있게 된다. 사라의 경우처럼 어떤 때는 "아버지, 저들을 용서해 주십시오. 저들은 자기들이 무슨 일을 하는지 모릅니다."

---

[20] William Barclay, *The Daily Study Bible: St. Matthew*, Edinburgh: St. Andrew Press, 1975, I:103.

라는 예수님의 기도로 시작하고, 이 기도 한마디 한마디가 예수님께서 그 기도를 하실 때와 똑같이 느껴질 때까지 우리는 이 기도를 반복할 수 있다. 우리에게 상처를 준 사람이 되어 보는 것으로 시작을 하든, 단지 그 사람을 위해서 기도하시는 예수님과 함께하는 것으로 시작을 하든, 중요한 것은 예수님께서 지니신 연민의 마음을 받아들이는 것이다. 나는 매일 새벽 3시에서 6시까지 기도하는 베트남 여성을 알고 있다. 그녀는 모든 분노와 원한을 깨끗이 없애고 예수님의 연민으로 가득 채워지도록 자기 자신을 위해서 기도한다. 그리고 자신의 집을 파괴하고 가족과 친구들을 죽인 공산주의자들을 위해서 기도한다. 왜 그렇게 할까? "우리가 예수님께서 하신 것처럼 기도하면 그들이 변화할 것입니다."라는 것이 그녀가 기도하는 이유이다. 예수님의 용서하시는 사랑만큼 깊은 기도에 저항하는 것은 매우 어렵기 때문이다.

치유되었다는 것을
어떻게 알 수 있을까?

① 화해를 시도한다. ② 다른 사람들에게 손을 내밀고 그들을 사랑할 힘이 생긴다. ③ 그 기억이 감사로 가득 찬다. 이 세 가지 신호로 기억이 치유되었음을 알 수 있다. 일단 치유가 되면 우리는 화해를 하고 상대방도 치유받도록 그에게 다가갈 수 있다. 힘든 결혼 생활을 이어가던 부부 사이에 갑자기 아이가 생겼는데, 그들은 임신 기간 내내 말다툼을 했다. 아이는 청각 장애를 지니고 태어났으며 자라면서도 쉽게 흥분하는 과민한 아이가 되었다. 5년 뒤 예수님께서 결혼 생활을 힘들게 했던 그들의 상처를 치유해 주셨고, 그들은 예수님의 힘이 그들의 기억을 치유해 주신다는 것을 깨달았다. 그래서 그들은 밤에 자고 있는 다섯 살 난 딸아이에게 손을 얹고 "예수님께서 네가 받아 온 사랑과 받아야 했으나 그렇지 못한 사랑 사이의 간극을 메워 주시기를 기도한단다."라고 말하기로 했다. 그들은 90일 동안 밤마다 예수님과 함께 이 기도를 했고, 아이에게 얼마나 사랑하는지를 말해 주었

다. 딸의 과민함은 아주 서서히 사라졌고, 90일이 지나면서 귀가 열렸다. 이제 딸은 자신이 얼마나 특별하고 사랑스러운지 말해 주는 부모의 말은 물론이고 모든 것을 정상적으로 들을 수 있게 되었다.

우리는 치유되고 자신이 얼마나 사랑받는 존재인지를 깨달을 때 감사하게 된다. 이것도 기억이 치유되었다는 표지이다. 치유와 함께 우리는 하느님께서 당신을 사랑하는 사람들의 선을 위하여 모든 것 안에서 어떻게 활동하시는지 이해하게 된다(로마 8,28 참조). 우리의 기도가 9만 2천 명의 여자와 어린아이의 목숨을 앗아간 죽음의 수용소 라벤스브뤼크에서 발견된 기도만큼 감사로 가득 찰 때, 우리는 치유된 것이다. 포장지에 휘갈겨 쓰인 이 기도는 어느 죽은 아이 옆에서 발견되었다.

> "주님, 선의를 지닌 사람들뿐 아니라 악의를 품은 자들도 기억하소서. 그러나 그들이 저희에게 준 고통만 기억하지 마시고, 그 고통으로 인해서 저희가 거둔 열매인 저희들의 동료 의식, 품위, 겸손, 용기, 관대함, 그리고 이 모든 것을 통하여 성장한 위대한 마

음들을 기억하소서. 그리하여 그들이 심판을 받을 때 저희가 거둔 이 모든 열매들을 그들을 용서하는 데 쓰소서."

12장

기억의 치유와
고해성사

고해실로 향하는 사람들의 발길이 점점 뜸해지고 있다. 도대체 왜 고해성사를 보아야 하는지 의구심이 들 수도 있다.

"여러 해 동안 고해성사는 고통의 시간이었다. 나는 고해성사를 보러 가지 않을 이유들을 만들어 내는 데 아주 능숙했다. 소죄는 뉘우치는 순간에 용서가 되기 때문에, 고해성사는 대죄를 지은 사람들을 위한 것이라고 자신을 설득했다. 나는 인격적인 관계가 배제된 표면적이고 형식적인 고해성사보다는 기도하러 가서 혼잣말로 죄를 지어 죄송하고 뉘우친다고 말씀드리는 것을 선호했다. 하느님께서는 마음의 변화를 원하시지 매번 반복되는 같은 죄의 목록을 서둘러 읽어 내려가는 것을 원하시지 않는다고 생각했다. 고해성사를 통하여 그리스도를 만나기 때문에 고해성사를 보러 가는 것이라고 하지만, 나는 빨리 고백하도록 재촉하고 누구에게나 똑같은 단조로운 목소리로 준비된 충고를 숨 쉴 틈 없이 줄줄이 쏟아 놓는 사제들에게서 그리스도를 만난 적이 없다. 그가 할 말을 그냥 녹음해 놓는 편이 더 나았을 것이다."

언제나 똑같은 낡은 죄의 목록을 줄줄이 외우고, 거의 들리지 않는 사제의 웅얼거리는 목소리를 듣고, 고해성사를 보고 난 후에도 전혀 변화가 없다는 것을 우리는 얼마나 자주 느끼는가?

대죄로 자기 자신과 하느님을 잇는 친교의 끈을 심각하게 손상시키지만 않는다면 우리가 살아가는 동안 속죄의 성사를 받을 필요가 없다고 말할 수도 있겠지만 고해성사는 모든 사람에게 사랑하고 성장할 수 있는 힘을 준다. 고해성사는 죽음에 직면해서야 찾는 어떤 치료법이 아니라, 치유의 과정을 지탱해 주고 촉진시켜 주기 위하여 사용하는 영양가 높은 음식 혹은 의료적 보살핌과 같은 것이다.

고해소 앞에 서 있는 줄이 점점 줄어드는 바로 이 시점에 칼 메닝거 박사와 같은 정신 의학자들은 오히려 사람들은 자신이 죄인임을 재발견하고 있다고 역설한다.*21 그는 자기 자신을 죄인으로 이해한다는 것은 자기가 끼친 해를 깨닫고 책임을 지며, 따라서 변화할 수 있음을 선언하는 것이므로 심리적 건강을 가져온다고 주장한다. 어떤 문제가 발생했을 때 사람들이 자기 자신이 어떻게 그 문제에 부분적으로라도 영향을 주었는지 깨닫고 그것에 대한 책임을 지고 변화한다면, 더 이상 문제가 될 것은 없을 것이다. 인종 차별, 오염, 전쟁, 정치적 부패 등으로 얼룩진 세상은 바로 죄를 부인하는 세상이다. 고해성사를 통해 우리는 우리가 잘못에 대하여 무감각하거나 마음이 굳은 범죄자도 아니며, 무책임하고 충동적인 잘못을 저지른 정신 질환자도 아니라는 것을 인정하는 것이다. 고해소가 없다면 우리에게 남아 있는 것은 감옥이나 정신 질환자 보호 시설일 것이다. "저를 축복해 주십시오, 아버지, 제가 죄를 지었습니다."라고 말하는 것은 "저

---

*21 Dr. Karl Menninger, *Whatever Became of Sin?*, Hawthorn, New York, 1973.

를 축복해 주십시오, 아버지, 저에게 책임이 있습니다. 그리고 저는 변화되기를 바랍니다."라고 말하는 것과 같다.

사실 메닝거 박사가 언급한 것의 대부분은 정신과 의사에게 상담을 받는 것으로 얻을 수 있다. 심리 치료가 하는 일은 '심리 치료사'가 우리를 이해하고 받아들이며 우리는 변화할 수 있다고 말해 주는 것인데 비해, 고해성사는 우리를 용서하실 뿐 아니라 변화를 위하여 당신의 힘까지 주시는 '그리스도'를 마주하게 된다는 점에서 (마태 16,19; 요한 14,10-14 참조) 특별한 의미가 있다.

그리스도께서 치유를 가져오는 당신의 용서를 가장 극대화시키는 순간으로 왜 고해성사를 택하셨는지는 알 수 없다. 우리가 아는 것은 그분이 우리 안에서 당신의 생명을 심화시키기 위한 적절한 만남의 순간으로 바로 이 속죄의 성사를 택하셨다는 것이다. 그리스도는 우리의 연인이 되기를 원하신다.

두 사람이 서로 사랑할 때 상대방에 대하여 생각만 하고 있지는 않다. 시간을 함께 보내고, 어떻게 지내는지 서로 들어 주고, 자신을 주고 싶은 마음의 표시로 여러 가지 방법을 동원하여 선물도 한다. 그리스도께서는 우리에 대한 관심과 염려의 표시로 우리에게 용서의 말씀과 사제를 선물로 주셨다. 그런데 감지할 수 있는 이러한 합리적인 표지들은 언젠가 사라지겠지만, 예수님의 치유적인 현존의 깊은 현실은 우리 안에 남는다.

어떤 사제들은 시간을 내어 경청하고 소통함으로써 고해성사를 우리를 염려하시는 그리스도와의 인격적 만남의 장소로 만들어 준다. 그러나 우리가 사제의 다급한 중얼거림을 겨우 알아들을 때에도, 그리스도의 현존을 감지할 수 있는 합리적인 표지가 거의 없을 때에도 여전히 그리스도는 우리를 용서하고 새롭게 하신다.

> "많은 경우에 나는 비인격적인 사제에게 가서 고백하는 것보다는 혼자 기도하는 것을 더 원했다. 내가 그 비인격적인 사제를 용서하지 못하고 있으면서 어떻게 그 사제에게 진정으로 용서를 청할 수 있겠는가? 나는 어째서 2000년 전에는 힘없는 아기를 통해서, 오늘날에는 누룩 없는 빵(성체)을 통해서 그리스도의 힘이 드러난다고 믿으면서 인간적인 약점이 있는 나약한 사제를 통해서는 그 힘이 오지 않는다고 믿고

있는가? 가장 완전하고 가장 개인적인 용서를 위해서 그분이 선택하신 고해성사라는 방법이 아니라 나의 개인적인 방법으로 그분께서 용서하시기를 원했을 때 나는 진정으로 그리스도께 열려 있었는가? 요약하면 나는 바리사이들과 같았다. 주님, 저는 제가 고해성사가 필요한 다른 모든 사람들과 같은 죄인이 아님에 감사드립니다. 저는 죄 많은 고해 사제들을 통해서가 아니라 개인적으로 용서에 대해서 이야기하고자 하는 착한 사람입니다."(루카 18,11-12 참조)

사제와 고해자 간의 인격적인 만남 없이, 그저 상투적으로 이루어지는 고해성사 안에서 우리에 대한 그리스도의 관심을 인지할 수 있는 표지를 찾아볼 수 없다고 해서 그것이 실제로 없는 것은 아니다. 우리는 고해성사 후에 경험하는 새로운 힘을 통하여 현존하시는 그리스도의 돌보심을 느끼게 된다. 속죄로 인한 치유는 책임감 있게 진지하게 말하는 태도나 이해받는다는 느낌을 통하여 오기도 하지만, 그보다는 성사로 우리를 개인적으로 치유하시고 용서해 주시기로 약속하신 예수 그리스도를 통해서

온다.

우리는 기억을 하나 둘씩 떠올릴 때 우리가 지은 죄가 우리 자신뿐 아니라 다른 사람들에게도 얼마나 큰 충격과 고통을 주었는지 마주하기에, 기억을 치유할 때 자주 고해성사가 지닌 치유의 힘에 의지하게 된다. 예를 들어, 자기 자신을 사랑하지 못할 때 우리는 정보를 공유하기보다는 점수에 대한 경쟁을 통해 자신을 증명하기 위해 애를 쓸 뿐만 아니라 가장 큰 집, 가장 좋은 자동차를 소유하기 위해 분에 넘치는 경쟁을 하는 등 많은 영역에서 경쟁적 습성에 물들게 된다. 마치 작은 냇물이 오염되면 결국 큰 강도 오염되는 것처럼 우리의 죄는 우리 자신에서 시작하여 사회 전반으로 번져 나간다. 우리의 경쟁이 다른 사람들의 경쟁을 부추기거나 상처를 입게 한다. 극단적인 경우에 더 큰 미사일을 만들고 더 거대한 전쟁을 벌이면서까지 누가 최고인가를 증명하려 든다. 우리의 죄가 어떻게 공동체를 파괴하는지 깨닫게 될 때 우리는 모두에게 용서를 구하고 갈망해야만 한다.

유엔 사무총장은 모두의 이름으로 용서할 수 있을지도 모른다. 그러나 우리는 그리스도께서 공동체의 용서뿐 아니라 당신의 용서를 베풀 수 있는 권한을 사제에게 주셨기 때문에 유엔 사무총장이 아니라 사제에게 고백한다(히브 5,1; 요한 20,23 참조).*22 고백함으로써 우리는 우리의 죄가 이웃과의 관계뿐 아니라 주님과의 관계에도 손상을 입힌다는 것을 인정한다. 우리 자신을 증명하려고 할 때 우리는 이웃과의 관계뿐 아니라 주님과의 친교 또한 숨막히게 한다. 항상 우리 자신을 증명하고자 함으로써 하느님을 셈하시는 분, 당신과의 친교에 합당한 사람이라는 것을 증명하기 위해 더욱더 열심히 일하기를 바라시는 분으로 체험하게 한다. 고해성사는 우리 자신과 다른 사람들을 주님에게서 멀어지게 하는 죄를 죄의 진짜 비극으로 보는 그리스도의 관점으로 죄에 접근하게 한다.

다음은 고해성사를 통하여 주님의 치유적인 용서를 체험한 어느 아버지의 이야기이다. 나중에 이 이야기를 '하느님께 감사드리기', '그리스도께서 치유해 주시기를 원하는 것을 고백하기', '치유를 위해서 고통스러운 기억들

---

*22 교회의 이름으로 용서를 하는 사제의 역할에 관해서는 Hans Küng, *The Church*, Sheed and Ward, N.Y., 1967, p.439; Karl Rahner, *Theological Investigations*, Vol. 2, Helicon, Baltimore, 1963, pp.135-174 참조.

을 그리스도께 맡기기' 등 세 부분으로 나누어 설명할 것이다.

"하느님 아버지, 축복해 주십시오. 고해성사를 본 지 3주 되었습니다. 저는 결혼을 했고 네 명의 자녀가 있습니다. 지난번 성사 때 저는 가족을 좀 더 인내심을 가지고 대하겠다고 약속했습니다. 아이들이 무엇을 해야 하냐고 계속 물어볼 때 인내심을 갖게 해 주신 것에 대하여 당신께 감사드립니다. 저는 제가 어렸을 때 아버지가 어린 저와 많은 것들을 함께해 주기를 원했다는 것을 깨달았습니다. 그리고 지금 제 아이들에게 글과 그림을 가르칠 수 있는 능력을 주신 것에 감사드립니다."

"저는 많은 사람들 안에 계신 그리스도께 상처를 드렸습니다. 그래서 이번에는 가족 이외의 사람들과 만남에서 여전히 더 많은 인내심이 필요하다는 것을 말씀드립니다. 제가 조급해지는 것은 저의 의견을 거리낌 없이 말하지 못하고 주저하기 때문이라고 생각합니다. 학부모와 교사 연합회에 가서 이야기할 만한 좋은 의견을 가지고 있지만 절대 말하지 않습니다. 교사들에게는 학부모의 피드백이 필요하기에 저처럼 하는 것은 좋은 일이 아닙니다. 그리고 사무실에서도 무슨 일이 있는지 별 관심이 없습니다. 회사는 한 여직원을 해고했고 그녀는 결국 회사를 그만두었습니다. 저의 이런 몇몇 압박감은 남에게 뒤쳐지지 않으려고 하는 데서 옵니다. 지금 저는 새 집과 새 자동차 값을 지불하기 위해서 정말 결사적으로 일해야 합니다. 그래서 사무실의 다른 직원들이나 친구들에게 충분한 관심을 가질 수 없습니다. 저와 하느님의 관계도 긴장의 연속입니다. 저는 마치 열심히 일해서 남에게 저를 증명해야 하는 것처럼 하느님께도 저 자신을 증명해야 한다고 생각하고 있습니다."

"저는 계속 저 자신을 증명하게 하고, 의사 표현을 어렵게 하는 뿌리 원인들을 그리스도께 맡겨 드리기를 원합니다. 이런 뿌리 원인들의 대부분은 제가 스스로를 인정하지 못하는 데서 오는 것이라고 생각합니다. 부모님, 친구들, 급우들이 제가 동전 두 닢만도 못하다는 느낌을 갖게 한 모든 순간들을 당신께 바치고 싶습니다. 저는 특히 아버지께서 저에게 말하고 싶지 않다고 하셨던 많은 순간들을 떠올립니다. 특히 일에 지쳐서 집에 돌아오셨을 때 아버지는 제가 당신을 귀찮게 하지 않기를 바라셨습니다. 여기서 예수님께 감사드리고 싶은 것은, 예수님께서 제가 어떻게 하면 자녀들과 더 많은 시간을 보낼 수 있는지 보여 주시는 동안, 이미 저의 기억들의 치유가 시작되었다는 것입니다. 저는 고해성사가 갖는 치유의 힘을 통하여 그리스도께서 저를 용서하시기를 간구합니다. 그리고 그리스도께서 저를 인정해 주시듯이 저도 저 자신을 인정하고 싶지만, 그렇게 하지 못하게 하는 모든 상황들을 제가 용서하고 치유할 수 있도록 도와주시기를 간구합니다. 지금부터 다음 고해성사 때까지 특별히 가족 이외의 사람들에게 인내심을 갖는 것을 어렵게 하는 모든 원인을 치유할 수 있도록 도와주시기를 청합니다."

"그리고 보속으로는 아버지에 대하여 하느님께 감사드리고, 이번 주에 아버지께 편지를 쓰면 어떨까 생각합니다. 신부님, 이제 다 말씀드렸습니다. 지금 말씀드린 것들과 과거에 지은 모든 죄에 대하여 특히 인내심이 부족했던 것에 대하여 진심으로 뉘우칩니다."

세 가지 기본 단계

고해성사와 기억의 치유에는 앞에서 언급한 세 가지 기본 단계가 공통적으로 포함되어 있다. 1단계는 '하느님께 감사드리기'(3-4장), 2단계는 '그리스도께서 치유해 주시기를 원하는 것을 고백하기'(4장), 3단계는 '치유를 위하여 고통스러운 기억들을 그리스도께 맡겨 드리기'(5-7장, 9장)이다. 이제 고해성사를 통하여 치유자이신 주님을 만나는 데 이 세 단계가 어떤 역할을 하는지 자세히 살펴보자.

1단계

하느님께 감사드리기

고해성사 중에 하느님께 감사드리는 것은 전혀 새로운 것이 아니다. 구약과 신약 성경에서 또 교회의 교부들에게 '고백하다'는 종종 "하느님을 찬미하다"*23를 의미했다. 예를 들면, 아우구스티노 성인은 「고백록」에서 하느님께서 주신 선물과 치유에 대하여 하느님을 찬미하였다. 이와 같이 그분께서 어떻게 치유하시고 선물을 주셨는지 선포하면서 우리는 비로소 진정으로 우리 자신의 죄, 아낌없이 베푸시는 예술가 하느님과의 친교에 응답하지 못한 죄를 보게 된다.

앞서 예로 든 '아버지'가 작가이자 화가로서의 재능에 대하여, 글을 쓰고 그림을 그리는 법을 자녀들에게 가르칠 수 있는 인내심을 주신 것에 대하여 하느님께 감사드린 것은, 죄의 긴 목록이 아니라 치유하시는 그리스도께 초점을 맞춘 것이다. 그는 지난 3주간 동안 그리스도께

---

*23 Jean LeClercq, "Confession and Praise of God", in *Worship*, Vol. 42:3, March 1968, pp.169-176.

서 어떻게 치유해 주셨는지 깨닫고 받아들이게 되었을 뿐 아니라, 감사하는 마음을 갖게 됨으로써 어린 시절에 힘든 일과를 마치고 집에 돌아온 아버지가 피곤에 지쳐 그를 무시했던 고통스러운 뿌리 기억을 치유하기 시작했다.

그의 치유는 뿌리 기억에서 자신이 어떻게 성장했는지를 알아차리면서 시작되었다. 그는 아버지와 언어적인 의사 소통이 되지 않을 때 글쓰기와 그림 그리기 능력을 계발하게 된 것과 그 상처로 인해 자녀들을 더 많이 의식하게 된 것에 관하여 하느님께 감사드렸다. 전체적인 우리 삶 또는 지난 고해성사 이후의 삶에서 하느님께서 어떻게 우리에게 선물을 주고 계시는지 그 방식에 대해 감사드린다는 것은, 하느님께서 계속해서 우리를 치유하신다는 것, 이번 성사를 통해서도 같은 일을 해 주실 것이라는 확신을 가진다는 것을 말씀드리는 것이다.

2단계
그리스도께서 치유해 주시기를 원하는 것을 고백하기

그리스도께서 치유해 주시기를 원하는 것을 고백할 때 우리는 죄의 긴 목록이 아니라 그리스도의 힘에 우리의 신뢰를 두는 것이다(4장). 그리스도께서 긴장을 풀라고 말씀해 주시면 그 말씀을 들은 우리는 삶의 여러 영역에서 더 이상 완벽한 척할 필요가 없게 된다. 인간의 에너지는 한계가 있어서 한 측면에만 집중해야 최선의 변화를 이룰 수 있다.

따라서 고해성사를 보러 갔을 때 대죄가 없다면 모든 죄를 기록한 긴 목록에 대해 걱정할 필요 없이, 무엇을 회개해야 하는지 알려 주는 한 가지에 집중하도록 한다.[*24] 기억을 치유하면서 우리는 죄를 짓게 하는 하나의 습성이 어떻게 다른 것들에 영향을 미치는지 감지하게 되며, 치유도 이와 같아서 하나의 영역에 집중하여 치유를 하다 보면 다양한 영역에서 치유가 일어난다.

[*24] Karl Rahner, "Confession and Praise of God", in *Theological Investigations*, Vol. 3, Helicon, Baltimore, 1967, pp.177-189.

상처와 죄에 대한 슬픔으로 인해 변화하고자 하는 단호한 의지가 생겨나고, 단호한 변화 의지는 더 깊은 치유를 가져온다. 우리의 죄가 어떻게 자기 자신에게 상처를 주었는지에만 관심이 있고, 다른 사람들 안에 계시는 그리스도께 어떻게 상처를 드렸는지는 무시하는 표면적인 통회에는 표면적인 치유가 따른다.

　앞에서 고해성사의 예를 보여 준 '아버지'가 계명을 어긴 행동의 양 또는 횟수(예-다섯 번 훔쳤습니다)로 죄를 고백하지 않고, 다른 사람과 자기 자신 안에 살아 계시는 그리스도와 친교를 손상시킨 자신의 내적 태도를 죄로 고백하는 것을 눈여겨보자.*25 그는 자신의 생각을 말하지 못하는 두려움이 어떻게 그 자신뿐 아니라 학교, 사무실 직원들, 친구들 그리고 하느님과의 관계까지도 손상시키는지 이해했다.

　어디에 삶을 질식시키는 죄의 촉수들이 있는지 열거함으로써 고백하는 사람은 치유가 필요한 모든 영역과 뉘

---

*25 죄에 관한 일반적 치료와 고해성사에 관해서는 Bernard Haring, *Shalom: Peace*, Farrar, Straus & Giroux, N.Y., 1967 참조.

우치고 변화해야 할 더 큰 이유가 있는 모든 영역에 스스로 깨어 있게 된다. 죄의 횟수가 아니라 죄의 영향을 받는 실제 상황에 초점을 맞추었기 때문에 그는 인내하지 못함의 공통 원인이 스스로를 인정하지 않는 것에 있음을 밝혀낼 수 있었다.

3단계
고통스러운 기억들을 치유하기 위해 그리스도께 맡겨 드리기

치유를 위해 고통스러운 기억들을 그리스도께 맡겨 드릴 때 우리는 그분께 우리를 변화시켜주실 기회를 드리는 것이다. 우리 자신이 다르게 행동할 수 있다는 것을 깨닫지 못하면, 우리는 자신의 의견을 솔직하게 표현하지 못하는 두려움 또는 자신을 증명해야 하는 충동에 관하여 반복적으로 고백할 것이다. 그러나 표면적인 죄들만 언급하지 말고, 치유를 위하여 죄의 원인이 되는 뿌리 기억을 그리스도께 맡겨 드릴 때 우리는 다르게 행동할 수 있다(5-7장, 9장).

앞에서 언급한 '아버지'는 단순히 자기 의견을 말하지

못한다거나 항상 자신을 증명할 필요가 있다는 표면적인 죄를 고백하는 것을 넘어서, 죄의 원인이라고 깨닫게 된 것 곧 자기 자신을 인정하지 않는다는 것을 고백했다. 뿌리 기억을 발견하고 나서 그는 그 기억을 그리스도께 바치기 위한 시간을 가졌다. 이렇게 그는 고해성사를 준비하면서 부모, 친구, 급우들이 자신을 무가치하게 느끼게 한 순간들을 그리스도께 바쳤다.

고해성사를 준비할 때가 아니더라도 매일매일 주님께 고통스러운 기억들을 맡겨 드려야 한다. 이렇게 하면 고해성사 전에 주님께 맡겨 드려야 할 기억들이 무엇인지 찾느라고 애쓸 필요가 없다. 성령께서는 지금도 우리를 강박적으로 행동하게 하는 것이 무엇인지 기억하게 해 주시고, 우리는 그것이 무엇이든지 모두 주님께 맡겨 드린다.

기억의 치유는 시간이 걸리는 과정이지만, 치유가 일어날 때 새로운 변화의 시작도 기대할 수 있다.

"나는 고해성사가 진정성 있고 개인적인 경험이 되기를 원했지만 15분보다 더는 시간을 투자하지는 않았다. 고해성사를 위한 준비를 거의 하지 않았기에 그로 인한 변화가 일어나지 않는 것 또한 놀라운 일이 아니었다. 나의 관심은 오직 죄의 목록을 나열하는 데 있었지 그런 방식으로 행동하게 하는 고통스러운 기억들을 주님께 바치는 데는 관심이 없었다."

변화를 기대하려면 주님께서 치유하실 수 있도록 표면적인 죄뿐 아니라 고통스러운 뿌리 기억들을 그분께 맡겨 드리는 시간을 가져야 한다. 고해성사를 보러 간다는 것은 더 이상 이러한 기억들을 끌고 다니지 않겠다는 의지를 분명하게 밝히는 것이고, 그리스도는 우리가 그러한 기억들을 당신께 맡길 수 있다는 것을 선언하신다.

보속을 제안하기

더 이상 고통스러운 기억들을 끌고 다니지 않고 그리

스도께서 용서하시는 것처럼 용서하겠다는 의지의 표지로 때때로 자신의 보속을 제안할 수 있다. 기도하기, 방문하기, 친절 베풀기, 전화하기, 편지 쓰기 등 화해를 표현하는 어떠한 것이어도 된다. 자신을 무시했던 아버지를 위해 기도하고 편지를 쓰겠다고 스스로 제안한다면 그것은 그가 그리스도께서 용서하신 것처럼 자신도 아버지를 용서하려고 애쓴다는 뜻이다.

이렇게 보속은 어떤 대가를 치루더라도 계속해서 아버지를 용서하겠다는 그의 희망의 표현이다. 그는 아버지가 변화하지 않는다 하더라도 아버지를 자기 가까이로 초대한다. 고해성사 전에는 그리스도처럼 행동하는 것이 부당하다고 느낄 수 있지만, 우리가 참회의 성사에서 진정으로 그렇게 할 수 있는 힘을 청하면 그분께서는 우리가 그렇게 할 수 있도록 힘을 주신다(요한 14,12-14; 콜로 3,13 참조).

죄의 긴 목록이 아니라 그리스도께서 행하시는 치유의 힘에 초점을 맞출 때 보속은 새로워진 우리 자신을 축하하는 방법이 된다. 보속은 우리 자신이 형편없는 죄인이라서 받는 벌이 아니라, 치유로 새로워진 우리 삶에 대하여 그리스도께 드리는 감사의 행위가 된다.

일반 고해와
총고해를 통한 치유

앞에서 예로 들었던 '아버지'는 고해성사를 통하여 자신을 더 잘 인식하게 되었는데, 이렇게 특정 영역에 대하여 고백하는 것을 '일반 고해'라고 하며, 주님께서는 이를 통하여 우리를 어떻게 변화시키기를 원하시는지 구체적으로 알게 해 주신다. 그리고 피정 때나 성령 세례를 준비할 때처럼 살아온 삶을 전체적으로 돌아보는 중요한 때에는, 우리를 제대로 기능하지 못하게 만드는 모든 것을 당신께 내어 맡기는 좀 더 통합적인 치유로 우리를 초대하신다. 이 초대에 대한 응답으로 우리는 총고해를 통하여 지금까지 우리를 똑바로 걷지 못하게 했던 모든 기억을 주님께 맡겨 드리고, 과거에 뿌리를 둔 그 어떤 것도 더 이상 우리를 조종하지 못하게 하며, 오직 성령의 힘만이 우리를 이끄시도록 청한다.

총고해에서도 죄가 아니라 주님의 치유하시는 힘에 초점을 두기 때문에 일반 고해와 같은 단계가 적용된다. 먼저 우리에게 베풀어 주신 선물에 대해 하느님께 감사드린

후, 우리가 상처를 준 모든 기억과 누군가가 우리에게 상처를 준 모든 기억을 그리스도께서 치유해 주시도록 맡겨 드린다. 우리가 과거의 모든 기억을 고백할 때 표면적인 죄뿐만 아니라 그 죄의 원인이 되는 뿌리 기억들을 주님께 맡겨 드리게 되므로 고해성사는 변화를 가져온다.

또한 총고해에서 우리는 우리 자신뿐 아니라 공동체에까지 우리의 죄가 확산되도록 방치한 것에 대해 공동체와 그리스도께 용서를 청한다. 우리는 총고해를 통하여 자신의 진정한 가치를 보지 못하게 하고, 모험을 하지 못하게 하고, 새 친구를 사귀지 못하게 하고, 우리의 몸을 성령의 성전으로 여기며 감사하지 못하게 하는 여러 뿌리 기억들을 잘라 내기를 원한다고 공동체에 선언하는 것이다. 그리스도께 향유를 바른 여인처럼 우리는 많은 용서를 체험하게 될 것이고, 이에 따라 사랑할 수 있는 새로운 힘도 생겼음을 느끼게 될 것이다(루카 7,47 참조).

개별적인 고해성사를 위한 새로운 양식과 치유

일반 고해든 총고해든 우리는 용서가 가진 치유의 힘을 경험한다. 고해성사의 탄탄한 전통 중에 하나는 고해성사의 전 역사를 관통하는 치유적healing이고 치료적인 therapeutic 전통이다.[26] 3세기의 사람들은 사제들이 성사를 통하여 새로운 생명을 준다는 것을 깨닫고, 처음으로 사제를 '아버지'father라고 부르기 시작했다. 시리아의 고대 교회는 주교로 서품되는 사제에게 그가 죄를 용서함으로써 교회를 치유하도록 성령을 받았음을 상기시켰다. 역사적으로 교회는 죄의 용서를 통하여 치유할 수 있는 힘이 주교와 사제들에게 있음을 인식했다.[27]

교회는 고해성사가 비인격적이고 성급한 심판의 경험

---

[26] Francis Martin, "The Healing of Memories", in *Review for Religious*, Vol. 32:3, 1973, pp.504-505; Bernhard Poschmann, *Penance and the Anointing of the Sick*, Palm Publ., Montreal, 1964, p.120.

[27] 치유의 역사에 관해서는 Morton Kelsey, *Healing and Christianity*, Harper & Row, New York, 1973, pp.157-199. 고해성사 밖에서의 용서의 과정에 대해서는 Doris Donnelly, *Learning To Forgive*, Macmillan, N.Y., 1979 참조.

이 아니라 치유를 가져오는 화해의 경험이 되도록, 개별적인 고해성사를 위한 새로운 양식을 만듦으로써 고대 교회가 강조했던 본래 의미로 회귀하고 있다. 고해 사제는 고해자와 대면하며 친절한 친교의 말로 맞이하고, 하느님께 대한 신뢰에 관하여 이야기하며, 치유를 가져오는 하느님의 자비에 관한 성경 구절을 말해 준다. 이렇게 신뢰와 친밀감을 분명하게 강조하는 것은, 고해자가 죄 목록의 나열과 횟수 이상의 것을 드러낼 수 있도록 도와서, 기억의 치유와 같은 더 깊은 고해성사를 체험하게 되기를 바라기 때문이다. 고해 사제는 계속해서 개인적인 대화체로 고해자와 이야기를 나누는데, 고해자는 죄에 대한 슬픔과 뉘우침을 표현할 때 전통적인 양식을 따를 수도 있고, 치유되기를 바라는 것을 자신의 말로 적절하게 표현할 수도 있다. 마지막으로 고해 사제는 성령의 치유를 의미하는 전통적인 방식으로 고해자에게 손을 얹는다. 이러한 모든 변화는 교회가 신자들에게 고해성사가 성급하게 처리지는 비인격적이고 일상적인 만남이 아니라, 기억의 용서와 치유를 가져오시는 그리스도와 더 깊은 만남이 되기를 바라고 있음을 나타낸다.

그리스도를 만나고 용서를 받은 우리는 많이 용서받은 여인처럼(루카 7장 참조) 또는 아버지께 돌아온 작은아들처럼(루카 15장 참조) 고해소를 떠난다. 그리스도의 용서를 체험한 사람들의 삶에서 새롭게 발견되는 사랑의 힘은 고해성사를 통하여 그리스도를 개인적이고 인격적으로 체험한 사람들의 삶에서도 발견된다. 고해성사가 치유를 동반한 용서를 제공하지 못한다면 그 용서는 표면적인 것이고 우리는 아직 그리스도를 만나지 못한 것이다.

토론을 위한 질문

1. 고해성사의 줄이 점점 짧아지는 이유는 무엇인가?

2. "고해소가 없다면 우리가 갈 곳은 감옥이나 정신 질환자 보호 시설이다." 이 말을 어떻게 설명할 수 있는가?

3. 우리 죄를 심리 치료사가 아닌 사제에게 말하는 이유는 무엇인가?

4. 죄 많고 비인격적인 사제를 우리가 고해성사에서 만나야만 한다면 그리스도께서는 그들을 어떻게 이용하시는가?

5. 화 또는 거짓말과 같은 죄는 이웃과의 관계, 그리스도와의 관계에 어떻게 해를 끼치는가? 죄는 죄를 지은 당사자와 하느님만을 아프게 하는 사적인 행위인가?

6. 기도나 피정 등을 통해 육체적·정신적·영적으로 치유를 경험했으나 일상으로 돌아오면 그 치유를 더 이상 느끼지 못하는 사람들이 많다. 그 이유가 무엇인가?

7. 예를 들었던 고해성사에서 무엇이 마음에 들고 무엇이 마음에 들지 않는가? 어떻게 바꾸고 싶은가?

8. 하느님의 용서를 구하기 전에 하느님께 감사해야 하는 이유가 무엇인가?

9. 죄의 목록이나 횟수를 말하는 것 이상의 고해성사를 하려면 어떻게 해야 하는가? 그렇게 하는 이유는 무엇인가?

10. 사람들이 고해성사 후에 변화의 힘을 거의 경험하지 못하는 이유는 무엇인가?

11. 보속을 제안하는 이유는 무엇인가? 남을 험담하는 것에 대한 보속을 제안한다면 적절한 보속은 무엇이라고 생각하는가?

12. 총고해를 하는 이유는 무엇인가?

13. 개별적인 고해성사를 위한 새로운 양식이 어떻게 기억의 치유를 촉진시키는가?

14. 루카 복음 7장 47절에서는 고해성사와 기억의 치유를 어떻게 연결하고 있는가?

개인 묵상

1. 다음 네 가지는 고해성사를 통한 치유를 위해 알아야 하는 죄의 습성과 뿌리 기억을 찾아내는데 도움이 될 것이다. 고해성사의 힘으로 기억을 치유할 준비를 해 보자.
   ① 고해성사의 예(177-180쪽 참조)
   ② 고해성사 준비(부록 225-231쪽 참조)
   ③ 성경과 함께하는 고해성사 준비(부록 220-224쪽 참조)
   ④ '기억의 치유를 위한 사각형과 마름모'(부록 235-239쪽 참조)

2. 하나의 생생한 상처 곧 고통스러운 기억을 떠올려본다. 그 상처가 어떤 식으로 지금까지도 자신을 불안하게 만드는가? 이 불안함이 어떻게 칠죄종의 죄들로 이어지는가?

3. '기억의 치유를 위한 사각형과 마름모'에 나타난 고통스러운 기억들과 자신의 아동기, 청소년기, 성인기에서 발견한 고통스러운 기억들을 가지고 총고해를 해 보자.

13장

악마의 인터뷰
- 기억의 치유 하루 15분

영화 '엑소시스트'에서 악령 파주주[*28]가 대활약을 한 후에 그를 질투하게 된 다른 많은 악마들이 앞을 다투어 자신들의 존재를 널리 알리고자 하였다. 그중 하나인 '스크루테이프 II'[*29]는 동료 악마들이 제대로 영혼을 파괴한 적도 없으면서 모든 명성을 가져갔다고 느꼈다. 스크루테이프 II는 유혹자로서 하루 24시간은 매우 바빴지만 고통스러운 기억을 치유하기 원하는 사람들을 좌절시킨 것에 대해 자랑하기 위하여 인터뷰에 응하기로 했다. 인터뷰는 편안한 분위기로 진행되었고, 도중에 그가 치유를 원하는 사람들에게 던진 사악한 말들 때문에 인터뷰 내

[*28] 메소포타미아 신화에서 나오는 바람의 마신으로 영화에서는 강력한 구마 사제를 죽이는 지독하고 사악하고 지능적인 악마로 등장한다. - 옮긴이 주
[*29] C. S. 루이스Lewis의 소설 「스크루테이프의 편지」에 등장하는 악마의 이름이다. - 옮긴이 주

용은 검열을 거쳐야 했다. 그 내용을 아래에 실었다.

(진행자) 당신은 악마 중에서도 명문가 출신의 실력이 뛰어난 악마인데 왜 기억의 치유를 원하는 사람들을 유혹하는 일을 하는지 그 이유를 말씀해 주시겠습니까?

(스크루테이프 II) 네, 그 이유를 말씀드릴 수 있어서 영광입니다. 우리는 얼마나 많은 사람들이 고통스러운 기억을 치유하고, 그들에게 상처를 준 사람들을 용서함으로써, 전보다 더 나쁜 상태가 되는지, 그러니까 다시 헌신적인 그리스도인으로 돌아가는지 알고 깜짝 놀랐습니다. 이러한 치유는 파괴적인 에너지를 만들어 내 그들이 새로운 자유를 체험하고 선을 행하게 했습니다. 하지만 우리는 이러한 상황을 절대로 받아들일 수 없었고 따라서 나름대로 이러한 치유에 맞설 수 있는 전술적 신무기를 점진적으로 개발해 왔습니다.

(진행자) 새로운 전술들 가운데 몇 가지만 설명해 주시겠습니까?

(스크루테이프 II) 네. 우리는 그동안 인간을 무너뜨리는 것에 관한 연구를 해 왔는데 그 가운데는 '하느님을 배제한 새로운 봉헌'이라는 주제가 있습니다. 새로운 전술은 이와 관련이 있습니다. 이 전술의 승률은 100퍼센트인데, 사람들이 성령 세례 또는 우리 입장에서는 '새로운 악마'인 '기억의 치유'와 같은 새롭게 봉헌rededication하는 때에 아무런 변화도 일어나지 않는다거나 반드시 변화가 일어난다고 이 전술이 믿게 만들기 때문입니다. 우리가 하는 일은 별로 없습니다. 그저 사람들에게 그들이 노력을 해도 여전히 부족하고, 잘못하고, 기도하는 데 어려움을 겪으면, 그것이 바로 그들의 노력이 아무 소용도 없다는, 아무 변화도 일어나지 않는다는 뜻이라고 암시하기만 하면 됩니다. 그들의 결점이나 잘못 하나하나가 아무 변화도 일어나지 않는다는 증거가 되어 줍니다. 그러나 혹시라도 그들의 결점이 사라지고 있으면 참으로 달라지지는 않을 것이라는 부정적인 생각을 자꾸 떠올리게 하거나 혼자만 변화할 것이 아니라 큰 결점들을 지닌 주변 사람들도 변화시켰어야 했다고 자책하게 합니다.

일단 그들이 이 미끼를 물면 우리는 그들 스스로 자신들은 하느님의 은총을 받을 만큼 충분히 선하지 못하거나 믿음이 부족하기 때문에 결코 변화할 수 없을 것이라는 생각을 떨쳐 버리지 못하게 할 수 있습니다. 어떤 이유에서든지 하느님에 대한 희망을 포기하면 그들은 우리 편이 됩니다. 사실 어떤 식으로든 치유는 항상 일어나고 있고, 일단 시작된 치유는 서서히 발전할 시간이 필요한데, 사람들은 이 분명한 사실을 전혀 눈치채지 못합니다. 다행히도 우리의 원수(하느님)는 사람들이 교만에 빠지지 않도록 보통 점진적으로 치유해 주십니다. 그래서 우리는 사람들로 하여금 치유가 시작되는 점진적이고 작은 표지들을 간과하도록 잘 도울 수 있습니다.

(진행자) 하지만 사람들이 치유가 시작되었다는 것을 알아차리면 어떻게 합니까?

(스크루테이프 II) 그런 일은 잘 일어나지 않지만, 일어나면 전술의 1단계가 작동하지 않는 것으로 여기고 2단계를 실행합니다. 다시 말해, 그들이 이미 이루고 있는 자신들의 모든 '성장'에 초점을 맞추게 합니다. 예를 들어, 이제

는 용서할 수 있게 된 사람들, 상처로 인한 모든 성장, 새롭게 경험하는 자유와 깊이 있는 기도, 우리의 관점에서 볼 때 잘못되어 가고 있는 것, 다시 말해서, 우리가 가만 내버려 두면 우리 입장에서는 재앙인 천국으로 이끌어 주는 삶의 모든 것에 집중하게 합니다. 그리고 완전히 치유되었으므로 더 이상 고통스러운 기억을 지속적으로 치유하기 위하여 매일 열심히 노력할 이유가 없다고 반복하여 암시를 합니다. 더 노력한다는 것은 '믿음의 부족'을 드러내는 것이라고 믿게 하는 것이지요. 우리는 절대로 '추정'이라는 말은 사용하지 않습니다. 우리는 사람들이 믿을 수 있도록 확실한 근거를 가지고 일합니다. 그러면 그들은 사람들을 돕는 데 열중하거나, 치유를 위한 기도가 아닌 다른 기도를 하거나, 무엇이든 느낀 것은 꼭 해야만 한다는 등의 치유를 배제한 다른 많은 일을 하면서 그들이 시간을 '더 잘' 활용하게만 하면 됩니다. 이렇게만 하면 사람들은 우리가 걱정할 만한 심각한 문제를 비교적 덜 일으킵니다. 위와 같은 일들은 그들에게 그다지 깊은 변화를 가져오지 않으면서 오히려 교만이나 좌절을 배양하는 매우 확실하고 이상적인 온상이 되기 때문입니다.

(진행자) 하지만 그들이 고통스러운 기억을 계속 치유하면 어떻게 합니까?

(스크루테이프 II) 그때는 '일'에 집중하게 합니다. 그들이 지속적으로 기도하고, 성장에 초점을 맞추고, 그리스도처럼 용서하는 데 모든 힘을 쏟으면서 남은 인생을 허비할까요? 우리 입장에서는 허비하는 것이지요. 그렇게 하게 만드는 것이 우리의 전술입니다. 이 전술은 지칠 때까지 기도하는 사람들, 휴식과 오락이 필요하다는 것을 잊어버린 사람들에게 잘 먹힙니다. 휴식과 오락의 필요성을 잊어버리지 않으면 그들의 용서가 그리스도의 용서에 얼마나 많이 못 미치는지 상기시켜 주면 됩니다. 그러면 그들은 또 노력하게 됩니다. 이렇게 그들은 자신의 빈틈을 메워 주고 천국으로 불러 주는 분이 그리스도시라는 것을 잊어버리고, 자신의 노력에 의존하게 됩니다.

(진행자) 치유에 지나치게 열중해서 기진맥진하지 않고, 단순한 방법으로 매일 지속적으로 고통스러운 기억을 치유하는 사람들도 있습니까?

(스크루테이프 II) 예, 있습니다. 그래서 우리는 '일상에서 기억을 치유하기'라고 부르는 불쾌하기 짝이 없는 '15분 훈련'이라는 것을 어떻게 하면 파괴할 수 있을지 항상 연구하고 있습니다. 우리는 결국 이 '15분 훈련'에 양심 성찰이라는 다른 이름을 붙이는 데 성공했습니다. 양심 성찰은 듣기에 어려운 것, 실천하기에 복잡한 것으로 느껴지니까요. 이 15분 훈련은 고통스러운 기억의 치유와 똑같이 강력한 효과가 있는 여섯 단계로 이루어져 있기 때문에 깨뜨리는 것이 어렵습니다. 그러나 한편으로는 단계별로 구성되어 있기 때문에 오히려 각각의 약점을 쉽게 찾아낼 수 있고, 우리는 이미 각 단계에 대한 악마적 전략들을 계발해 놓았습니다. '15분 훈련'의 첫 번째 단계는 '받은 선물에 대하여 감사드리기', 두 번째는 '뿌리 기억의 치유를 위한 깨달음 청하기', 세 번째는 '그리스도께 드린 상처에 대하여 슬퍼하기', 네 번째는 '그리스도처럼 용서하기', 다섯 번째는 '상처로 인한 성장에 대하여 감사드리기', 마지막으로 여섯 번째는 '그리스도께서 원하시는 새로운 행동 방식 이해하기'입니다.

(진행자) 첫 번째 단계인 '받은 선물에 대하여 감사드리기'에서는 어떻게 그들을 걸려 넘어지게 합니까?

(스크루테이프 II) 감사는 겸손으로 코팅되어 있어서 깨뜨리기 쉽지 않습니다. 그래서 오히려 그들이 받은 선물을 잘 볼 수 있도록 도와주되, 그리스도께서 몰래 해 주신 일에 대하여 감사드리기보다는 그들 자신의 공으로 돌리도록 만듭니다. 그리고 "오늘 제가 어떤 일을 잘했습니까? 제가 오늘 언제 평화를 느꼈습니까?" 등의 열린 질문을 허용해 줍니다. 하지만 그들이 '제가'라는 일인칭을 사용할 때, 그것이 본래 의미하는 것은 그들의 가장 깊은 자아 곧 그리스도를 의미한다는 것을, 그들의 영혼을 하느님께 온전히 바칠 수 있는 힘을 주시는 그리스도를 의미한다는 것을 절대로 깨닫지 못하도록 합니다. 이것도 실패했을 때는 그리스도께서 하신 일에 대하여 그분께 감사드리는 것이 오히려 교묘한 형태의 교만과 자만심이라고 믿게 할 수 있습니다. '착한' 사람이 되기를 원한다면 당연히 교만해서는 안 되기 때문에 감사드리는 것을 주저하게 됩니다. 다행히도 대부분의 사람들이 부정적인 자

아상을 가지고 있어서, 감사가 오히려 교만이라고 유혹하면 감사드리는 것을 어려워합니다. 그래서 우리는 이 단계는 별로 중요하지 않으니 소중한 기도 시간을 낭비하지 말고 다음 단계로 바로 넘어가라고 말해 줍니다. 그러면 그들은 그렇게 합니다. 1단계에서 우리는 이렇게 승리합니다.

(진행자) 그들이 '어떤 뿌리 기억이 치유되어야 하는지 알 수 있도록 지혜를 청하는' 두 번째 단계에 도달해도 공격할 수 있습니까?

(스크루테이프 II) 물론이지요. 몇 가지 악마적인 공격용 무기를 만들어 두었습니다. 그들 자신이 행한 일이 옳은지 아닌지에만 온통 초점을 맞추게 하고, 우리 원수인 하느님의 뜻을 행하고 있다는 변함없는 표지인 평화, 열린 마음, 심오한 기쁨 등은 무시하게 만드는 것입니다. 그리고 우리에게 성공을 가져다준 수많은 작은 것들 곧 작은 죄들을 보게 함으로써 사실상 그들에게 치유가 필요한 매우 중요한 것을 간과하게 합니다. 매우 중요한 한 영역이

아니라 수많은 작은 것들을 바로잡는 데 에너지를 나눠 쓰게 하면 그들을 쉽게 정복할 수 있습니다. 그들이 자신을 그리스도께서 보시듯이 보게 해 달라고 기도하지 않으면 그들은 더욱 쉽게 붕괴됩니다. 우리는 그들이 뿌리 기억을 알아내지 못하도록, 가능한 모든 수단을 동원하여 핵심 문제가 언제 시작되었으며, 그것이 어떤 습성을 가지고 있는지에 대한 질문을 하지 못하게 합니다. 그들이 우연히라도 뿌리 기억을 찾으면, 다시 말해 그들이 상처를 받았거나 상처를 준 때를 알아내면 화가 그들을 삼켜 버리게 합니다. 화는 우리가 사용하는 가장 효과적인 감정들 가운데 하나입니다. 그들에게 상처를 준 사람에게 또는 다른 사람에게 상처를 준 그들 자신에게 화가 나도록 만들 수 있습니다. 어느 쪽이든 그들이 자신 안이나 다른 사람 안의 그리스도를 아프게 한 것에 대해서 뉘우치지 못하게 됩니다.

(진행자) 그들이 치유가 필요한 뿌리 기억을 알아내고 그리스도께 상처를 드린 것에 대하여 슬퍼하기 시작하면 어떻게 합니까?

(스크루테이프 II) 그런 걱정은 할 필요가 거의 없습니다. 사람들은 화와 같은 감정이 어떻게 한 사람에게서 다른 사람에게로 번져 나가는지 알지 못하기 때문입니다. 우리는 그들에게 상처를 준 사람은 그 이전에 이미 다른 사람에게서 상처를 받았다는, 시간의 흐름을 타고 전달되는 연쇄 반응이라는 것을 모르고, 그들에게 상처를 준 단 한 사람에게만 상처를 입었다고 느끼게 할 수 있습니다. 그들이 이런 방법도 쳐다보지 않을 때는 그리스도와 같은 완전한 사람은 천국에서만 볼 수 있고, 그들이 상처를 입혔거나 그들에게 상처를 준 불완전한 사람들 가운데서는 찾아볼 수 없다고 믿게 하면 됩니다. 그러나 그들이 그리스도께 상처를 입힌 것에 대하여 끈질기게 뉘우치고 슬퍼하면 우리는 그들의 슬픔에 약간의 좌절을 더해서 깊은 슬픔 속에서 변화에 대한 희망을 포기하게 만듭니다. 그래도 계속 변화에 대한 희망을 갖는다면, 우리는 '열정'이라는 이름 아래 만 가지 변화의 가능성을 제시합니다. '열정'zeal이 교만, 시기, 질투의 혼합물이라는 것은 일급비밀입니다. 그러면 곧 그들은 만 가지 실패를 맛보고 좌절하게 됩니다. "제가 어떻게 그리스도께 상처를 입

했습니까?"라는 위험한 질문은 "변화를 위하여 '제가' 무엇을 해야 합니까?"라는 질문으로 신속히 대체되어야 합니다. 이것이 지체되면 그들은 정말로 뉘우치고 그리스도께 변화를 위한 도움을 청할 기회를 가질 것입니다. 자기 죄의 깊이를 보지 못하는 한 그들은 그리스도에게 많은 도움을 받지 않아도 그들 자신에게 변화할 수 있는 힘이 있다고 계속 믿을 것입니다. 실례합니다만 기분 전환을 위해 타바스코 칵테일*30 한 잔 하겠습니다. 같이 한 잔 하시겠습니까?

(진행자) 고맙습니다만 저는 괜찮습니다. 스크루테이프 씨에게는 위협이 될 수 있는 네 번째 단계로 넘어가 그리스도께 '용서할 수 있도록' 도와 달라고 청한 사람들은 있었습니까?

(스크루테이프 II) 소수의 사람이 있었습니다. 이 단계의 끝

---

*30 피자 소스로 알려진 타바스코와 보드카, 토마토 주스를 섞어 만든 칵테일이다. - 옮긴이 주

까지 가서 그리스도처럼 기꺼이, 완전히, 조건 없이 용서하게 해 달라고 청하는 사람은 많지 않습니다. 다행스럽게도 그런 사람들은 지옥에 얼음 조각이 있을 만큼이나 드물고, 이 극소수의 사람들 대부분은 성경을 읽고 상대방을 일흔 번씩 일곱 번 용서할 수 있다든가, 상대방을 위하여 죽기까지 할 수 있다는 등의 영웅적이거나 미친 생각들을 하게 된 바보들입니다. 그와 같은 관대하고 자비로운 법정은 멜로드라마 같은 가상 세계에서나 있을 법한 일이지 눈에는 눈, 이에는 이로 대응하는 현실 세계, 잘못에 대해 형을 선고하고 감옥에 가두어 교정하는 현실 세계에서는 결코 일어날 수 없는 일이라고 설득하는 데는 시간이 얼마 걸리지 않습니다. 정말로 남을 '돕고' 싶으면 그 사람에게 가혹해야 합니다. 매를 아끼면 아이를 망치게 됩니다. 단지 얼간이만 일흔일곱 번 용서하고 일흔여덟 번째에도 또 용서하려 합니다. 하지만 걱정하지 않습니다. 그리스도께서 하신 것처럼 완전히 용서한다는 위험한 생각이 실현되는 곳은 성경밖에 없습니다. 아시다시피 그런 일은 지금과는 다른 시대, 다른 문화에서나 있을 수 있었지 우리가 사는 이 진보된 시대에는 해

당되지 않습니다. 혹시라도 그리스도처럼 용서하기를 원하는 사람들이 있어도, 우리는 그들에게 상처를 준 사람이 사실은 자기 자신의 삶에서 긴장과 스트레스를 경험하고 있었으며, 그 영향으로 그들에게 상처를 주게 되었다는 것을 보지 못하게 할 수 있습니다. 이렇게 그들을 장님으로 만들면, 그들은 "아버지, 저들을 용서해 주십시오. 저들은 자기들이 무슨 일을 하는지 모릅니다."라고 기도하신 그리스도 근처에도 가지 못할 것입니다. 다행히도 그런 일은 단 한 번밖에 일어나지 않았습니다.

(진행자) 하지만 스크루테이프 씨는 어쨌든 그리스도처럼 용서하려고 애쓰는 사람들이 있다는 것을 인정했습니다. 그렇다면 그들이 상처를 통하여 성장한 것에 대하여 하느님께 감사드리는 용서의 가장 위대한 단계에 도달하지 못하게 하는 방법은 무엇입니까?

(스크루테이프 II) 아직까지는 그것이 크게 문제가 된 적은 별로 없지만 그래도 준비는 되어 있습니다. 우리의 언론 홍보 담당자들이 성인聖人들은 죄와 실패에서 자유롭고

강한 사람들이라는 믿음을 매우 성공적으로 확산시켜 놓았습니다. 우리가 침묵시키지 못한 단 한 사람은 바오로인데 그는 "나의 힘은 약한 데에서 완전히 드러난다."(2코린 12,9)라고 숨김없이 말해 버렸습니다. 하지만 우리도 "하늘의 나의 아버지께서 완전하신 것처럼 너희도 완전하여라."라는 성경 말씀으로 반격하지요. 그리고 완전함이란 지속적인 성공을 통해서가 아니라, 약함과 죄로부터 끊임없이 돌아옴으로써 성취되는 것임을 말해 주지는 않습니다. 불행하게도 사람들은 자신이 약하다고 느낄 때 자기 자신이 아니라 하느님이라는 우리의 원수에게 의존하는 경향이 있습니다. 그러나 그러한 위험한 일이 일어나기 전에 우리는 그들이 이 원수를 오십 데나리온은 몰라도 오백 데나리온은 탕감해 주지 않으려는 자로 보게 만듭니다. 그런데 어떤 사람들은 탕감을 받을 빚이 많을수록 원수가 더 많이 사랑해 주고 더 가까이 다가와 준다는 것을 알아차립니다. 이런 경우에는 그들이 하느님의 자비를 악용하는 것이고 따라서 진심으로 죄송해하거나 변화를 꾀하는 것이 아니라는 감언이설로 구슬릴 수 있습니다. 이러한 덫에 관해서는 이미 말씀드렸습니다.

그들은 상처를 대하는 자신의 태도가 변화하는 것을 느끼면서 자신이 성장하고 있다는 것을 잠시 깨닫기는 하지만, 우리는 그들이 얼마나 성장하고 있는지 제대로 보지 못하게 할 수 있습니다. 그들은 자신이 큰 연민과 공감을 가지고 자신과 비슷한 상처로 고통받는 사람들을 도울 수 있게 되었다는 사실을 상상하지 못합니다. 그들이 자신의 약함을 인식하고 강인함과 용서를 구하는 기도를 주로 많이 하는 것은 사실이지만, 그래도 우리는 여러 가지 방법으로 그들이 자신에게서 이미 사라진 후광을 본다고 착각하게 할 수 있습니다. 그들은 더 열심히 노력하고 새로운 친구들을 더 많이 만들겠지만, 우리는 그들이 그런 것들에 대해서도 자만하도록 만들 수 있습니다. "그리스도께서 무엇을 이루셨는가?"라는 강력한 질문을 "내가 무엇을 이루었는가?"라는 질문으로 바꾸는 것은 식은 죽 먹기입니다.

(진행자) 스크루테이프 씨는 그 모든 악마적인 전략들을 창안해 낼만큼 지옥의 본질을 잘 이해하고 있는 것이 분

명합니다. 하지만 '치유가 되었으니 그리스도께서 그들이 어떻게 행동하기를 바라시는지 이해하려고 애쓰는 마지막 단계'에 도달하는 소수의 사람들에게는 어떤 전략을 쓸 수 있습니까?

(스크루테이프 II) 그들이 상처를 통해 이룬 성장에 대하여 감사할 정도로 진정한 용서를 하고 마침내 치유가 되었다고 해도 우리가 완전히 실패한 것은 아닙니다. 그들이 자기 자신을 볼 때, 그들이 원하는 모습을 보고 있는 것인지 아니면 우리의 원수인 하느님이 원하는 모습을 보고 있는 것인지는 아무도 모릅니다. 자신의 모습이 그리스도가 원하는 모습인지 아닌지를 아는 유일한 방법은 그리스도의 안내를 청하는 기도를 하고, 새로운 행동을 시험해 보면서, 그 행동에 평화가 동반되는지 아닌지 살펴보는 것입니다. 그런데 이 단계에서 대부분의 사람들은 기도보다는 계획을 짜기 때문에 그들은 우리에게 위협이 되지는 않습니다. 우리는 그들이 열정zeal으로 불붙을 때까지 계속해서 확실한 계획들을 제공해 줄 수 있습니다. 이렇게 해 주어도 우리는 안전합니다. 그 불은 바로 우리

의 지옥 불로 이어지기 때문입니다. 이 단계에 다다른 사람을 유혹할 때 우리는 그들이 다른 사람들의 개입과 그리스도 공동체의 지지를 받을 수 있을 만한 그런 위험한 계획들은 세우지 않습니다. 우리가 하는 일은 그들에게 '영적인 면에서 다른 사람들은 우리의 빠른 성장 속도를 따라오지 못하며 따라서 우리가 도달한 상급 단계에서는 공동체가 도움이 되지 않는다.'라고 생각하게 해서 공동체를 포기하게 만드는 것입니다.

기도를 하지 못하게 하고, 그리스도가 원하는 일이라고 생각되는 일을 하면서도 평화를 느끼지 못하게 하는 것은 조금 어렵습니다. 그러나 평화는 잔잔하고 조용한 '예'를 실천하고 사는 것이라기보다 '큰 성공'으로 놀라움과 감탄을 자아내는 것이라고 생각하게 만들 수 있습니다. 이것은 성령의 세례나 새로운 봉헌을 약속하는 의식 후에 황홀감을 경험했으나 그것이 왜 금방 사라지는지 궁금해하는 사람에게 쓰는 술수와 같습니다. 우리는 그것이 자연스러운 현상이며, 그런 생각과 감정까지도 다 의탁하라고 그들을 더 가까이 부르시는 우리의 원수 하느님의 초대라는 것을 말해 주지 않고, 오히려 그러한 일이 일어나는 것은 그들의 잘못 때문이라고 말해 줍니다. 그들은 결국 이러한 황홀감은 영혼의 어둔 밤을 체험하는 신비가들만이 느낄 수 있는 것이라고 생각하게 됩니다.

(진행자) 스크루테이프 씨의 덫을 피해 가는 사람이 있기는 합니까?

(스크루테이프 II) 거의 없지요. 그런데 영화 '엑소시스트'에 출연했다는 이유로 동료인 파주주가 칭찬이란 칭찬은 다 가로채고 있습니다. 모두가 그를 두려워하지요. 파주주가 빙의로 사로잡은 사람들을 우리는 유혹만으로도 다 사로잡았는데 말입니다. 하지만 이것은 비밀로 해 둡시다. 우리는 사람들이 유혹보다 빙의를 두려워하게 놔두고 싶으니까요.

(진행자) 스크루테이프 씨의 심기를 건드리는 '고통스러운 기억에 대한 매일의 치유' 방법인 '하루 15분' 훈련과 싸우기 위해 마련해 둔 전략들을 이렇게 다 알려 주는 이유가 무엇인가요?

(스크루테이프 II) 우리는 연구한 것을 시험하고 부족한 것이 발견되면 개선하고 싶습니다. 무엇보다도 우리는 걱정하지 않습니다. 어차피 하루를 마무리할 때 할애하는 15분으로 얼마나 많은 것을 할 수 있는지 믿는 사람은 아무도 없기 때문입니다. 그렇다고 하루 15분 기억의 치유가 실패했다는 뜻이 아닙니다. 당신들이 당신네 그리스도교를 제대로 살아본 적이 없듯이, 당신들은 이것도 역시 제대로 시도해 본 적이 없을 뿐입니다.

🦋 토론을 위한 질문

1. 스크루테이프 II와 그의 동료들은 당신이 자신의 결함이나 후광을 보게 만들 수 있다. 그는 언제 당신의 결함과 후광을 이용하는 전략을 사용하는가?

2. 매일의 기억의 치유 여섯 단계는 무엇인지 나열해 보라.

3. 각 단계를 무력화하기 위해서 스크루테이프 II가 사용하는 전략들에는 어떠한 것들이 있는가? 불명확하게 여겨지는 것이 있는가?

🦋 개인 묵상

1. 당신에게 스크루테이프 II가 가장 많이 사용하는 전략은 어떤 것인가? 그리고 스크루테이프 II가 가장 효율적으로 사용하는 전략은 무엇인가?

2. 매일의 상처를 치유하기 위해 일주일 동안 하루 15분씩 양심 성찰을 해 보자.

부록

성경과
고해성사

1. 감사 그리스도께서는 나를 위하여 무엇을 해 주셨는가? (3장)

에페 5,20 "모든 일에 언제나 우리 주 예수그리스도의 이름으로 하느님 아버지께 감사를 드리십시오."

1테살 5,18 "모든 일에 감사하십시오. 이것이 그리스도 예수님 안에서 살아가는 여러분에게 바라시는 하느님의 뜻입니다."

2. 성찰 그리스도께서는 내가 어떻게 치유되기를 원하시는가? (4장)

마태 5,3-12 참된 행복의 자세 갖추기

마태 5,13-16 사도로서, 세상의 소금과 빛으로 살아가기

마태 5,27-30 정결하게 살기

마태 5,38-48 다른 뺨도 돌려 대기, 원수 사랑하기, 박해하는 자들을 위해 기도하기

마태 6,5-15 주님의 기도와 같은 기도하기

마태 6,25-34 들에 핀 나리꽃들처럼 하느님 신뢰하기

마태 16,24-28 십자가를 지고 자기 목숨 내어놓기

마태 25,14-30 받은 탈렌트를 사용하고 발달시키기

루카 10,29-37 착한 사마리아인 되기

1코린 13,1-8 모든 차원에서 사랑하기

갈라 5,13-26 방종함을 성령의 열매로 대체하기

에페 4,25-32 악을 피하기

콜로 3,5-17 악을 피하고 덕을 실천하기

필리 2,1-5 다른 사람을 자기보다 낮게 여기기

야고 2,14-23 말을 적절하게 잘 사용하기

콜로 3,18-21 이상적인 가정家庭 이루기

3. **슬픔** 나는 나와 다른 사람들 안에 계시는 그리스도께 어떻게 상처를 입혔는가? (4장)

마태 25,31-46 "너희가 이 가장 작은 이들 가운데 한 사람에게 해 주지 않은 것이 바로 나에게 해 주지 않은 것이다."

콜로 1,24 그리스도께서는 여전히 교회 안에서 교회를 위해서 고통을 겪고 계십니다.

4. 치유 내가 그리스도께 상처를 입히는 이유는 무엇인가? (5장)

요한 19,1-16 불안과 정치적 야망, 군중과 두려움의 지배를 받는 빌라도.

요한 21장 베드로의 교만과 허풍을 그리스도의 사랑에 대한 믿음으로 대체하다.

야고 4,1-8 죄는 우리 자신 안에서 분쟁을 일으키는 욕정에서 오는 것입니다. 그러니 모든 것을 하느님께 맡기십시오.

5. 용서 그리스도께서 용서하시는 것처럼 나도 용서할 수 있는가? (6-7장)

마태 6,12 "저희에게 잘못한 이를 저희도 용서하였듯이 저희 잘못을 용서하소서."

마태 18,22 "일곱 번이 아니라 일흔일곱 번까지라도 용서해야 한다."

루카 15,11-32 되찾은 아들을 용서하는 아버지처럼 기꺼이 완전히 조건 없이 용서하기, 사랑으로 성장한 것에 대하여 감사하기

루카 23,34 "아버지, 저들을 용서해 주십시오. 저들은 자기들이 무슨 일을 하는지 모릅니다."

루카 7,36-50 사랑할 수 있는 새로운 힘과 성장에 감사하기

야고 5,15 "믿음의 기도가 그 아픈 사람을 구원하고… 그가 죄를 지었으면 용서를 받을 것입니다."

1요한 5,16 죄인을 위해 기도하십시오. 그러면 하느님께서 그에게 생명을 주실 것입니다.

6. 변화 나는 그리스도의 힘으로 그리스도를 위하여 무엇을 할 것인가? (8장)

루카 9,23 "누구든지 내 뒤를 따라오려면, 자신을 버리고

날마다 제 십자가를 지고 나를 따라야 한다."

로마 5,20 "그러나 죄가 많아진 그곳에 은총이 충만히 내렸습니다."

로마 8장 성령과 함께라면 새로운 삶이 가능합니다.

콜로 1,14 우리는 그분 안에서 자유와 죄의 용서를 얻습니다.

1요한 1,8-9 "만일 우리가 죄 없다고 말한다면, 우리는 자신을 속이는 것이고 우리 안에 진리가 없는 것입니다. 우리가 우리 죄를 고백하면, 그분은 성실하시고 의로우신 분이시므로 우리의 죄를 용서하시고 우리를 모든 불의에서 깨끗하게 해 주십니다."

고해성사를 위한
준비 6단계

1. 감사 그리스도께서 나를 위하여 무엇을 해 주셨는가?
(3장)

나는 무엇을 하려고 하는가? 그리스도의 도움으로 어떻게 성공했는가? 지난 고해성사 이후 하느님 사랑의 표지는 어떻게 나타났는가? 즉 사람을 통해서, 또는 사건을 통해서 어떻게 하느님의 사랑을 체험하였는가? 휴식을 취하고, 덜 긴장하고, 더 많이 기도하고, 긍정적인 것에 초점을 맞추는 등 많은 것이 잘 이루어진 이유는 무엇인가?

2. 성찰 십자가를 바라보고 물어보라. 그리스도를 위하여
나는 무엇을 했는가? (4장)

나는 무엇을 하려고 하는가? 그리스도께서는 나를 어떻게, 무엇을 더 치유하고자 하시는가? 긴장, 좌절, 권태, 상처 등 나를 가장 힘들게 하는 것은 무엇인가?

상처에 대한 반응

교만 Pride

언제 나는 나의 참된 가치를 보지 못하였기에 다른 사람들에게 거짓말을 하고, 판단을 하고, 경청하지 못하고, 독단적이거나 과민해지고, 다른 사람들의 성공을 무시하였는가?

나는 다른 사람들에게서 어떤 결점들을 보았는가? 이러한 결점들이 형성되는 데 내가 어떤 역할을 했는지 내가 보지 못한 것은 아닌가?

나는 왜 판단하는가? 내 안에 악마가 있기 때문인가, 아니면 나의 강인함에 대한 자만심 때문인가?

탐욕 Covetousness

나는 언제 돈, 재물, 시간 등을 선물이라기보다 내 것인 것처럼 여기며 사용하는가?

욕망 Lust

내 몸의 각 지체를 어떻게 다른 사람을 사랑하는 데 사용하지 않았는가?

분노 Anger

나는 무엇을 두려워하는가? 무엇을 걱정하는가? 다른 사람에게 화가 나는가? 용서하기 힘들다고 느끼는가?

나는 실패와 긴장과 상처 등을 통하여 성장해 왔는가?

언제 나는 적절히 행동하기보다 충동적으로 행동했는가? 예를 들어, 경쟁했는가, 순응했는가?

언제 나는 이기주의자, 불평꾼, 빈곤한 사람 등 어려운 사람들을 피하였는가?

나는 분노를 부인하지 않고 직면하는가? 아니면 거부된 분노가 위장 장애나 잘 웃지 않기 등으로 드러나는가?

과욕 Gluttony

나는 어떻게 불안에서 벗어나려 하는가? 과하게 먹고 마시거나 지나치게 텔레비전을 보거나 일이나 공부에 빠지는가?

시기 Envy

나 자신을 드러내기 위하여 다른 사람들을 비난하는가?

다른 사람이 칭찬을 받을 때 지루해하는가?

다른 사람들이 알아차리고 먼저 칭찬해 주도록 나의 성

공을 스스로 하찮게 말하곤 하는가?

나는 사람들의 말을 그냥 듣는가 아니면 그들의 감정을 공감하면서 듣는가?

새로운 친구들을 사귀는가? 그중에는 대하기 어려운 사람들도 포함되어 있는가?

친구들에게 충실한가? 하느님께는 어떠한가

나태 Sloth

나는 긴장 없는 삶을 살기 위하여 모험이나 희생을 피하는가?

나는 새로운 도전을 하며 살기보다 일상에 안주하는가?

과거로부터 배우고 현재를 살며 미래를 위해서 계획하는가?

영적·정신적·육체적으로 성장하기 위하여 시간을 내는가?

육체적인 일이든지 영적인 일이든지 나는 어떤 선행을 하고자 하는가?

가족, 공동체, 교회 그리고 내가 만나는 사람들의 성장을 돕는 일을 나는 어떤 식으로 외면하는가?

그리스도께서 나의 24시간을 사신다면 어떤 부분을 다르게 사실까?

3. 슬픔 나는 나와 다른 사람들 안에 계시는 그리스도께 어떻게 상처를 입혔는가? (4장)

'상처에 대한 반응' 일곱 가지 중에 어느 것이 가장 마음에 걸리는가? 그것이 어떻게 내 안에 그리고 다른 사람들 안에 계시는 그리스도께 상처를 입혔는가? 그 상처가 어떻게 확산되었는가? 내가 뉘우치는 이유는 단지 나와 다른 사람에게 상처를 입혔기 때문인가 아니면 그리스도께도 상처를 입혔기 때문인가? 변화하려면 많은 노력을 해야 하는데 변화를 원할 만큼 나는 뉘우치고 있는가?

4. 치유 내가 그리스도께 상처를 입히는 이유는 무엇인가? (5장)

나는 불안, 죄책감, 두려움, 긴장, 실패, 적대감 등의 감정을 느끼는가 아니면 덮어 버리는가? 느끼든 덮어 버리든 그렇게 하는 이유는 무엇인가? 그렇게 행동함으로써 권력이나 인기 등 무엇을 얻고자 하는가? 어떤 상처를 어떻게 입었기에 나는 그런 방식으로 행동하게 되었는가? 이러한 과정에는 어떤 패턴이 있는가? 있다면 그것은 언제 시작되었는가? 나는 이 모든 것을 그리스도께 맡겨 드릴 수 있는가?

5. 용서 그리스도께서 용서하신 것처럼 용서할 수 있는가? (6장)

그리스도께서는 어떻게 나를 조건 없이, 일흔 번씩 일곱 번, 기꺼이, 완전히 용서해 주셨는가? 나는 이러한 그분의 용서로 나에게 상처를 입힌 사람들을 용서할 수 있는가? 그들이 나의 행동이나 다른 상처들에 대하여 어떻게 반응하는지 알아차릴 수 있는가? 상처로 인해 어떤 좋은 일이 생겼는지 이해하게 될 정도로 그들을 용서했는가? 좋은 일의 예는 상처 입은 사람들에 대한 더 깊은 공감, 더 큰 노력, 그리스도께 대한 더 큰 신뢰 등을 가지게 된 것이다(7장 참조). 나에게 상처를 입힌 사람들에 대하여 그리스도께서 느끼시는 것처럼 느끼는가? 그리스도께서 무엇이라고 말씀하실 것 같은가? 나도 그리스도께서 말씀하시고자 하는 것을 말할 수 있는가?

6. 변화 그리스도를 위하여 무엇을 할 것인가? (8장)
되찾은 아들이나 착한 도둑이 느꼈던 것처럼 전보다 그리스도께 더 가깝게 다가갈 수 있다고 진심으로 믿는가 (요한 21장; 루카 7,36-50; 시편 32; 51 참조)? 그리스도라면 나의 삶을 어떻게 사실까? 내가 그리스도와 똑같이 사는 것을 상상할 수 있는가? 성공할 것 같은가? 나는 왜 변화하려 하는가? 변화하도록 내 자신을 어떻게 일깨울 수 있는가? 그렇게 하는 데 매일의 보속daily denial, 보상, 기도 등이 도움이 될까? 스스로 나 자신에게 편지 쓰기, 방문, 칭찬, 기도 주제 등의 보속을 제안하는 것은 어떤가?

치유를 위한
영신 수련

하느님 사랑의 타원형

긍정적인 경험과 부정적인 경험을 모두 포함해서 나의 삶에서 사랑과 성장을 체험했던 때를 돌아보자.

1. 하느님께서 어떤 사람들을 통하여 나에 대한 당신의 사랑을 보여 주시고, 나를 성장하도록 부르셨는지 생각해 보고, 아래 타원형 안에 그들 중 10명의 이름을 약자로 적는다. 각각의 이름에 작은 원을 그린다.

2. 하느님께서 어떤 사건들을 통하여 나에 대한 당신의 사랑을 보여 주시고 성장하도록 부르셨는지 생각해 보고, 아래 타원형 안에 10가지 사건을 약자로 적는다. 각 사건에 작은 직사각형을 그린다.

3. 하느님께서 나를 사랑하신 각 방식들에 대하여 감사의 기도를 드리는 시간을 갖는다.

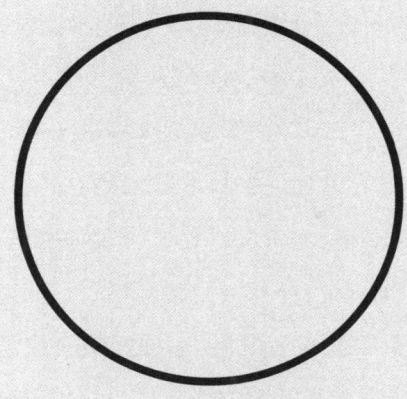

하느님의 사랑의 삼각형

살면서 내가 다른 사람들에게 사랑과 성장의 계기가 되었던 때를 돌아본다.

1. 삼각형 안에 하느님께서 나를 통하여 사랑하고 성장하도록 부르신 열 사람의 이름을 약자로 적는다. 각 이름에 작은 원을 그린다.
2. 삼각형 안에 하느님께서 나를 통하여 다른 사람들을 성장으로 부르신 10개의 사건을 약자로 적는다. 각 사건에 작은 직사각형을 그린다.

3. 사람들을 사랑과 성장으로 초대하시기 위하여 내가 그들을 사랑할 수 있게 하신 하느님의 방식 각각에 관하여 감사의 기도를 드린다. 하느님께서 내 몸의 각 부분을 어떻게 쓰시는지 그 방식들에 대해서도 감사를 드린다. 그리고 내가 몸으로, 영적으로 한 모든 일에 대하여 하느님께 감사드린다.

4. 하느님께서 사용하시는 나의 재능, 능력, 장점 등의 목록을 만들고 그 모든 것에 대하여 하느님께 감사드린다.

기억의 치유를 위한 사각형

기도하는 마음으로 천천히 살아오면서 상처를 받았던 때를 돌아본다.

1. 사각형 안에 나에게 상처를 준 다섯 사람의 이름을 약자로 적는다. 내가 두려워하고, 회피하고, 가차 없이 판단하는 사람들이 누구인지 생각해 본다.
2. 그중에 지금 나와 가깝게 지내지 않는 사람들의 이름에 원을 그린다. 이들 중 한 명을 선택해서 어떻게 느끼는지 그리스도께 말씀드린다. 모든 것을 솔직하게 말씀드린다.
3. 그 사람이 왜 나를 아프게 했는지를 이해할 수 있으면 그의 이름에 수직선을 긋는다. 이것은 그가 나에게 상처를 줄 때 그 또한 자신의 삶에서 다른 스트레스들을 받고 있었다는 것을 의미한다.
4. 그리스도께서 그 사람에게 하고 싶으신 말씀을 내가 할 수 있다고 느끼면 그 이름에 수평선을 긋는다.
5. 나에게도 그 문제에 대한 부분적인 책임이 있지만, 그리스도께서 용서하신 것처럼 나도 나 자신을 용서할 수

있음을 알게 되면 그 이름에 ×의 반을 뜻하는 사선을 긋는다.

6. 그 상처로 인하여 적어도 다섯 가지 이상의 면에서 내가 성장했고, 뭔가 좋은 일이 일어나고 있는 것을 볼 수 있으면 나머지 사선을 첨가하여 ×를 긋는다. 그에게 연결되는 다리를 놓을 수 있는 방법이 생각나면 그 이름에 삼각형을 그린다. 이렇게 함으로써 이제 나는 나 자신과 그를 용서하고 하느님께서 그 상황을 치유하실 수 있도록 맡겨 드리기 시작한 것이다.

7. 그리스도께 성장과 치유가 시작된 것에 대하여 감사드린다.

8. 다른 상처를 선택해서 같은 과정을 반복한다. 떠오르는 기억들을 사각형 안에 첨가하는 것을 잊지 않도록 한다. 뿌리 기억에 좀 더 가깝다고 생각되는 기억을 하나 선택한다.

9. 고해성사 중에 용서와 관계의 치유를 청하면서 그리스도께 모든 것을 맡겨 드린다.

기억의 치유를 위한 마름모

살면서 내가 다른 사람에게 상처를 주었던 때를 돌아본다.

1. 마름모 안에 내가 상처를 준 다섯 사람의 이름을 약자로 적는다.
2. 지금 나와 가깝게 지내지 않는 사람들의 이름에 원을 그린다.
3. 그들 중에 한 사람을 선택해서 그에게 상처를 준 것에 대하여 내가 어떻게 느끼는지 그리스도께 말씀드린다. 그리스도께서 치유하실 수 있도록 솔직하게 나의 모든 화를 드러내도록 한다.

4. 내가 왜 그에게 상처를 주었는지 그 이유를 이해하게 되면 그의 이름에 수직선을 긋는다. 이것은 내가 단지 그에게만 반응한 것이 아니라 내 삶의 다른 스트레스에도 반응하고 있었다는 것을 표시하기 위해서이다.

5. 그리스도께서 이미 용서하신 것처럼 나도 나 자신과 그를 용서할 수 있다고 느끼면 그의 이름에 수평선을 긋는다. 이 용서가 깊어지도록 기도한다.

6. 그 상처로 인하여 그와 내가 어떻게 성장할 수 있었는지 살펴보고, 그 상처에서 뭔가 좋은 열매가 열렸다고 생각되면 그 이름에 ×를 긋는다.

7. 그와 연결되는 다리를 놓을 수 있는 방법이 생각나면 그 이름에 삼각형을 그린다. 이렇게 함으로써 이제 나는 나 자신과 그를 용서하고 하느님께서 그 상황을 치유하실 수 있도록 맡겨 드리기 시작한 것이다.

8. 성장과 치유의 시작에 대하여 그리스도께 감사드린다.

9. 마름모 안에 다른 기억들을 첨가한다. 그중 하나의 상처를 선택해서 같은 과정을 반복한다. 뿌리 기억에 가깝다고 생각되는 기억을 선택한다.

10. 고해성사 중에 관계의 치유와 용서를 청하면서 그리스도께 이 모든 상황을 맡겨 드린다.

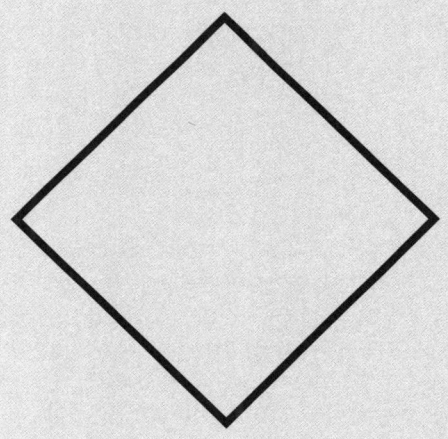

옮긴이

김인호

대전교구 사제(2003년 수품)로 이탈리아 로마의 그레고리안 대학교에서 심리학 석사 학위를 받았다. 대전 삼성동 본당 주임 신부를 거쳐 현재 대전 가톨릭대학교 교수로 있다. 서울대교구 영성 심리 상담 교육원, 문화 영성 대학원, 대전 가톨릭대학교 부설 혼인과 가정 대학 등에서 강의하고 있다.

장미희

충남대학교 영어 영문학과를 졸업하고 영국 University of East London에서 상담 및 심리 치료 석사 학위를 받았다. 대전 성모여자고등학교에서 영어를 가르쳤으며, 영국 Institute of St. Anselm에서 Integrative Spiritual Counselling 상담사 및 상담 슈퍼바이저 자격을 획득하고, 동 기관에서 개인 및 집단 상담사, 상담 슈퍼바이저로 일했다. 현재 서울대교구 영성 심리 상담 교육원에서 가톨릭 상담 봉사자 양성을 위한 교육 및 상담을 하고 있다.